和孩子们一起遇见美好

吴田荣 著

首都师范大学出版社

图书在版编目（CIP）数据

和孩子们一起遇见美好 / 吴田荣著. -- 北京：首都师范大学出版社，2024.8. -- ISBN 978-7-5656-8518-7

Ⅰ．G623.702

中国国家版本馆 CIP 数据核字第 2024X9H437 号

HE HAIZIMEN YIQI YUJIAN MEIHAO

和孩子们一起遇见美好

吴田荣　著

责任编辑　武站世

首都师范大学出版社出版发行

地　　址	北京西三环北路 105 号
邮　　编	100048
电　　话	68418523（总编室）68982468（发行部）
网　　址	http://cnupn.cnu.edu.cn
印　　刷	天津雅泽印刷有限公司
经　　销	全国新华书店
版　　次	2024 年 8 月第 1 版
印　　次	2024 年 8 月第 1 次印刷
开　　本	710 mm×1000 mm　1/16
印　　张	11
字　　数	162 千
定　　价	68.00 元

版权所有　违者必究

如有质量问题　请与出版社联系退换

序　言　为学生成长打好生命底色

2014年1月，随着北京市东城区深化基础教育领域综合改革的深入推进，和平里学区成立了以优质学校北京市东城区和平里第四小学（以下简称和平里四小）为龙头，带领北京市东城区和平里第二小学（以下简称和平里二小）、北京市东城区师范学校附属小学（以下简称东师附小）组成的和平里四小优质教育资源带，以推进和平里二小校区、东师附校区质量、地位、影响力的进一步提升，实现由特色学校向品牌学校的发展。

资源带成立初期，站在优质教育新版图新起点上，面临新的挑战，面对三个校区不同的文化，面对三个校区庞大的教师、学生队伍，以及工作环境的大融合，可以说能借鉴的经验不多，没有样子可照搬，这是对校领导的极大考验。

以往的做法是管理层寻找问题，以问题为突破口开展新的工作。但我们认为，除了找问题，更要找亮点。要尊重资源带各校区的历史和现状，同各校区干部、教师一起寻找自身引以为豪的品牌、特色和优势。

资源带各校区在多年的成长发展中都形成了自己的办学特色。例如，和平里四小校区以引领和担当的姿态，积极发挥优势，产生辐射效应；和平里二小校区强化"和美"文化；东师附小校区突出精细化管理。这就使得每个校区都有自己温润的"底色"。我们积极为各校区的发展创造条件，以"特色更特、亮点更亮、优中更优"为工作思路，让资源带的努力建设为各校区的发展创造条件，让各个校区的"各美"为资源带的"共美"提供良好的发展基础。

一、立德树人，构建新时代美育大格局

"立德树人"是中华优秀传统文化的重要组成部分。中华传统文化主要是伦理道德文化。其精髓用一个字来概括，就是"仁"；用两个字来概括，就是"仁爱"；用三个字来概括，就是"泛爱众"；用四个字来概括，就是"仁者爱人"；用五个字来概括，就是"仁义礼智信"。

将"立德树人"作为教育的根本任务，有着特定的内涵和时代的意义，这对增强民族的认同感、文化的归属感有着极大的提升作用，对十八大提出的"三个自信"、十九大提出的"两个一百年"和二十大提出的"以人民为中心"的发展思想有着极大的奠基作用。我们努力寻求构建资源带新时代美育大格局的发展路径。

第一，要坚持正确的育人导向。"立德树人"与"教书育人"在根本含义上是高度一致的。当前，要抓好两个教育：一是加强社会主义核心价值观教育；二是要加强和完善中华优秀传统文化教育。

第二，把握正确的教育价值取向。《国家中长期教育改革和发展规划纲要（2010—2020年）》提出"为每个学生提供适合的教育"，这是国家在教育价值观层面上一次最为明确的宣示。

第三，要聚焦人才培养模式的创新。课程改革说到底只是一个手段，我们最终目的是要解决长期以来在人才培养模式方面的问题。而最终检验课程改革是否有成效，还要看我们是否培养了大批创新人才。

第四，坚持正确的教育价值观。在"为每个学生提供适合的教育"的价值观引领下，我们要坚持高学业水平的同时，加入"特色""多样""选择""适合"等理念，构成了一个相对完整的教育质量观。

在学校，课堂是社会主义核心价值观实施的主渠道、主阵地。充分利用学科特点进行思想教育和情感熏陶，能润物无声地对小学生进行社会主义核心价值观的引领。在教学中，我们坚持以马克思主义为指导，坚持理论与实践相结合，给学生"以人为本"的全面发展。通过多种形式触及学生的心灵，激活学生意愿，转变学生认知，改善学生行为，提高教学实效，引领学

生的价值观。

我们确定的教育教学理念是："以人为本，以德为先"，把学生放在"最中央"，将学生的全面发展作为出发点和归宿。我们用这样的理念指导教学活动：从重"教"到重"导"，突出引导、指导、疏导、开导在价值观教育的正确实施，引导学生树立正确的价值观；从课内到课外，课堂教学要有内涵及外延，过程要全方位和多途径；从认识到认同，创造各种条件对学生进行知行结合的教育；从模仿到创新，树立良好的教师形象，鼓励学生向身边的教师和同学学习。

具体措施包括：首先，采用多种方式激活课堂教学的核心价值。教师要深入解读教材，挖掘教材背后的潜在价值，用真理和理性的魅力打动学生，同时让学生能够感受到教学内容贴近自己的生活。教学手段要多样，采用接受式、启发式、参与式、探究式等多种方式并存的教学形式，让学生感受到学习的快乐。渗透教材对于社会主义核心价值观的引导，让课堂教学及思想教育能够真正地融为一体，影响学生的内心世界，促进社会主义核心价值观的内化。

其次，课内外与校内外都对学生产生积极的影响力。课内的教学到课外学习的延伸，也是引导学生学习从学校到社会的过程。教师要有意识地对学生进行更有实际意义的教育引导。比如，布置作业不仅仅是让学生巩固课堂所学的知识，还能让学生通过完成作业做到与社会、生活相融合。教师要让学生的学习直面生活，主动面对生活，从而在生活中体现社会主义核心价值观。

再次，关注个别学生与特殊家庭的教育需求。我们的教育要面对全体学生，个别学生的针对性教育也不能忽视，尤其是对后进生、心理有障碍的学生、家庭比较特殊的学生，要给他们更多的关注，帮助他们排忧解难，让他们能够勇敢地面对困难，从而感受到社会主义核心价值观潜在的魅力。

最后，学习行为无处不在。在人工智能的时代，学生学习不仅仅指教室中的学习，学习的空间无处不在。教师要引导学生正确使用各种媒体和学习载体进行拓展学习，不仅在教室的课堂上渗透社会主义核心价值观教育，还要发挥广义的"大课堂"积极向上的作用。让学生走向社会，自主了解社会、思考社会、分析问题、解决问题，从而再回到课堂上进行交流，以促进学生对于社会主义核心价值观的认知和认同。

二、守正创新，加强新时代未来教师培养

教育事业是一项面向未来的事业。培养具有时代精神和鲜明个性的人是创新教育的主旨和灵魂。教师要迅速认识新事物，积极捕捉信息，增强利用信息的能力，摆脱教条，敢于质疑，善于突破，勇于超越，解放自己的创造力，激发自我创新热情。教师只有具有这种强烈的创新意识，才有可能在日常教育中有意识地关注学生的创新精神，在各项活动中引发学生的创新兴趣，在生活实践中培养学生的创新能力。

（一）一体互融，德能同修，新时代师德建设之本

资源带三个校区融合、融通，首先要加强师德师风建设。我们的教师学为人师、行为师范，默默奉献，阳光而美丽，成绩凸显，赢得了广泛认可。我们将继续贯彻落实二十大精神，实施师德师风建设工程，恪守师德规范，树立良好的师德师风，健全师德建设的长效机制。其次要培养高素质的教师队伍。时代在变，万物皆流，与时俱进还看今朝，在教书育人的岗位上要有理论、有实践、有影响，跟紧时代发展步伐。

（二）扎根研究，追求卓越，创新实践的探索之路

坚定教育信念是教师专业成长的指路明灯。教育信念是教师在本职工作岗位上，无论是思想层面，还是情感方面和行为领域都自觉自愿、持之以恒地做平常事的定力。教师要有坚韧的步伐、克服困难的毅力，从而成就远见卓识的洞察力，不断地提高教育改革的创造力。

抓住关键期是教师专业成长的内在要素。一般来讲，教师刚开始工作的前几年，以及入职六年左右的时期，都可以称为是教师专业成长的关键期。

提高教学艺术是教师专业成长的更高追求。教师课堂教学的艺术源于平时对教学经验的日积月累，对教学细节的敏锐洞察，对教育规律的认真把握，以及师生情感的真切融合。教师要善于将教育教学理念贯穿于每一个学

生的整个学习生活。

拥有教育情怀是教师专业成长的至高境界。教师要对教育教学专注执着,对学生倾心热爱,以立德树人为经,以培养学生科学素养和核心习惯为纬,打造灵动、活泼的生命课堂。

(三) 放眼世界,着眼未来,铸就资源带名师工程

2016年,第46届世界经济论坛在瑞士小镇达沃斯开幕,其年度报告《工作的未来》(*The Future of Jobs*)指出,今天65%的小学生将在未来从事全新的职业。我们的教育应该帮助孩子们为未来做好准备。何时为未来?广义来说,从当前至今后的十到二十年内,都是可以预见的未来。从教育的视角来看,未来时期的社会经济发展对教育提出的新要求,也就是即将到来的人工智能时代,对未来社会劳动者提出的新的能力要求,进而催生教育进入核心素养时代。关注培养学生面对未来社会的必备品格和关键能力,这是今后教育不可回避的话题。

面对新的社会和教育发展趋势,"未来教师"呼之欲出。未来的教师角色所承载的任务将与现在有所不同,"未来教师"不仅仅是知识的传递者,更是学生的引路人。要想成为一名合格的"未来教师",就要拥有必需的"核心素养"。"未来教师"的角色定位必然给教师职业带来新的要求和挑战,其中"研究能力"是未来教师的必备素养之一。今后,教师不得不面对来自教育目标、教育形式、教育对象和教师角色四个方面的大变化。这是时代发展的基本规律,也是教育改革的发展方向。

面对今后的教育发展,面对所从事的职业要求,教师需要不断地研究学生、研究教学、研究自己,在研究的道路上了解学生,适应技术,获得时代发展所需的素养。时代需要教师成为思想者,需要教师成为研究者,更需要教师成为学习者。这也是时代对"未来教师"的基本定位。

三、任重道远,建设新时代未来学校

人工智能的时代,我们资源带将继续作为领跑者,推动新时代教育教学变革,探究面向未来的创新人才培养模式,探索未来教师的培养机制,实现未来学校的美好愿景!

(一) 未来学校实现教与学方式的变革

教育的 4.0 时代已经到来,势必影响着教与学方式的变革。在重构教育形态的同时,教师身份发生着重大转变。在教学上,教师应当是知识体系的构建者,是学生学习的"重要他人"。在课程中,学生主体地位凸显,课堂上学生自己去探究,去体验,去归纳,去分享……在学习过程中,学生将生活体验与知识学习相联系,建立知识与知识之间的重新链接,在不断发现新问题中解决问题,又在解决问题中发现新的问题,促使学生的学习灵动起来。未来学生的学习,在内容上,逐步由单一学科知识的传授转向跨学科能力的培养;在形式上,由固定班级授课模式转为基于信息网络技术、VR 技术等的互动教学以及跨领域跨时空的学习模式。主题学习、项目学习等更为贴近学生现实生活,指向问题解决的学习方式将成为常态。这时教师的角色也由传统的传道授业解惑,更多地转为学习资源的提供者、学习过程的监控者和学生发展的引导者等。

(二) 未来学校满足学习内容的定制化

未来的学习内容会更个性化和定制化。我们对于部分学生可以打破常规,根据个人的学习特质构建知识体系和能力体系,将学习内容进行不同的排列组合,让更多的学生在学习上游刃有余,达成我们教育的目的,让更多的学生实现个人的进步,得到个人建构。

(三) 未来学校呈现评价的多元发展

国家教育咨询委员会委员陶西平先生曾说过,"教育改革必须有教育评价科学来引领和支撑,尤其是学生评价方面的理论"。将评价目标定位于"促进学生全面而健康的发展,满足学生需求"。我们的评价将更多地具有诊断性、研究性、完善性,会在大数据中记录学生的整个学习过程,记录学生的方方面面,进而发现每个人学习的密码。

未来学校已经悄悄来临。过去,我们有未来学校之梦;不久,定有未来学校之实。守望传统,面向未来。正如二十大报告中指出的:"教育、科技、人才是全面建设社会主义现代化国家的基础性、战略性支撑。必须坚持科技是第一生产力、人才是第一资源、创新是第一动力，深入实施科教兴国战略、人才强国战略、创新驱动发展战略，开辟发展新领域新赛道，不断塑造发展新动能新优势。"历史只会眷顾坚定者、奋进者、搏击者，而不会等待犹豫者、懈怠者、畏难者。我们若想在新时代成为一名奋进者，就要深刻把握新时代下的新要求，以坚韧不拔的精神，奋力谱写社会主义现代化新征程的壮丽篇章。

目 录

第一章 美育在学校文化中的重要地位 ············· 1

美育和学校文化互为支撑 ························· 1
和平里四小的美育探索之路 ······················· 3
学校文化建设中的美育元素与教育价值 ············· 3
融合提升，构建资源带一体化发展 ················· 9

第二章 "以美育美"的学校建设 ··················· 15

以美治校，创建学校特色品牌 ····················· 15
美育特色学校的内涵式提升 ······················· 16
融合社会资源，打造绿色校园 ····················· 22
营造"规范＋情感"的管理文化 ··················· 25
让"多元治理"理论为学校教学改革注入活力 ······· 30
家校协同，助力学生健康成长 ····················· 34

第三章 以美育美 深化德育一体化教育 ············· 39

以美育德，促进学生身心和谐发展 ················· 39
构建德育一体化，实施"三全育人"策略 ··········· 40
加强德育队伍建设，有效指导德育工作 ············· 47

养廉树德，依法办学，落实党风廉政建设 …… 48
把党建作为学校的第一责任来抓 …… 49

第四章 让课程建设真正造福学生 …… 52

以美启智，增进学生的知识和才干 …… 52
用美来串起课程的音符 …… 55
"以美育美"课程体系建设的探索与实施 …… 58
构建"高效学习，互助生成，活力成长"的新课堂 …… 64
落实"双减"，聚焦"双升" …… 68
做好"家常菜"，促进学生内涵发展 …… 70
点击学生阅读盲点，提高学生阅读能力
——小学语文阅读教学实效性探讨 …… 76
习于智长，优于心成
——小学生学业质量综合评价研究 …… 79
推进作业实践的四个转向 …… 82
让校本化作业成为减负增效的助推器 …… 86
数智技术赋能"小美云+"的新型教学模式实践 …… 89

第五章 以学生为本的第二课堂建设 …… 95

以美促全，发展学生的个性特长 …… 95
和平里四小综合实践课程建设的思考与探索 …… 98
和平里四小课后服务的实施与探索 …… 104
书香浸润童心，书香滋养情怀 …… 107
传民族文化，展美育风采 …… 111
用丰富多彩的校园活动营造健康和谐的校园 …… 114
加强学校体育卫生教育活动，促进学生身心健康 …… 119

第六章　面向未来教育的教师队伍建设 120

用最美的教育遇到更好的自己 120

向美而行，让教师成为带领新时代学校发展的领跑者 123

"1+3+X"教师培养机制促进教师专业化发展 126

深耕学科课堂，提升教师关键能力 132

未来教师的角色定位 134

附录 145

《教育家》杂志专访吴田荣：教育在孩子身上的映射 145

《现代教育报》学校文化大家谈：让学习在"海洋"中真实发生 151

吴田荣在中国教育学会第四届课堂教学研讨会的发言：

　　学校高质量发展的新动能

　　——"以美育美"课程的创新实践 154

吴田荣在北京市教育数字化背景下创新展示活动中的发言：

　　跨越学科边界，赋能育人方式变革 158

第一章　美育在学校文化中的重要地位

美育和学校文化互为支撑

美育，又称"审美教育"，是指从美学的角度进行知识教学的教育，它是全面发展教育完整体系的一个重要组成部分。而学校文化则是学校师生在长期的教育实践过程中所创造的，具有学校特色的文化活动、文化环境和校园精神，它对一个学校的发展具有多方面的功能，如价值导向功能、约束功能、激励功能、塑造功能等，能够为学校可持续发展提供绵绵不绝的动力。

美育作为学校文化的重要组成部分，不单是字面意义上的美术教育，其主旨是陶冶情操，使我们具有美的理想、美的情操、美的品格、美的素养，具有欣赏美和创造美的能力，追求的是一种人的"和谐之美"。

首先，美育是素质教育的应有之义，是学校文化的载体。没有美育的学校文化是残缺的，不完整的。1999年6月，《中共中央　国务院关于深化教育改革全面推进素质教育的决定》明确指出："实施素质教育，必须把德育、智育、体育、美育等有机地统一在教育活动的各个环节中。学校教育不仅要抓好智育，更要重视德育，还要加强体育、美育、劳动技术教育和社会实践，使诸方面教育相互渗透、协调发展，促进学生的全面发展和健康成长。"建设学校文化的基础是教育的系统性，是素质教育的完整性，这本身就是一种整体中各个部分间的和谐。美育在学生成长和学校文化建设中有着不可替代的作用。胡锦涛同志在看望和平里四小美术教师胡明亮时曾说："美育不仅能陶冶情操、提高素养，而且有助于开发智力，对于促进学生全面发展具有不可替代的作用。"

中国人对于美育格外重视，认为它是与人的学识水平、道德修养紧密联系在一起的。近代教育家蔡元培先生在《对于教育方针之意见》中以人体为喻，提出了"五育"并重、融合发展的思想。他指出："……美育者，神经系也，所以传导；世界观者，心理作用也，附丽于神经系，而无迹象之可求。此即五者不可偏废之理也。""五育"之中，他认为美育"介乎现象世界与实体世界之间，而为津梁"，大力倡导美育。蔡元培先生以"津梁"为喻，形象而准确地揭示了美育对于学校文化建设的重要地位。

其次，美育和学校文化相融相济。具体到和平里四小，美育是我们学校文化的灵魂。一直以来和平里四小都把"和谐"作为学校文化建设的追求，致力于在校园里营造其乐融融、和谐共进的学校文化氛围。这里的校园吹拂的是煦煦春风，流动的是清清之水。师生之间、生生之间、人与景观之间都充斥着灵动自然的气息。润物无声的和谐之风内化为师生的思想、行动，造就了和平里四小师生不一样的灵魂、气质。通过对学生全方位的熏陶，使学生的理论修养不断增强，审美实践不断丰富，从而不断提高对美的鉴别力，提高审美趣味。同时，通过校园环境的建设和学校文化活动的开展，使广大师生感到精神振奋、心情愉悦，从而使他们的审美需求得到满足。

反过来，要建设和谐的学校文化，也离不开美育的作用。这是因为美跟和谐之间存在着一种最为本质的联系，它们都是对事物本真、完美的追求，是文化发展的极致。美育主要以自然、社会及艺术等各种美的形态作为媒介手段，通过展示它们蕴含的丰富价值，直接作用于受教育个体的情感世界，潜移默化地完善、优化其心理结构，使其拥有健康完美的人性魅力。美育强调深入个体，以情动之，将真善美深深扎根于内心世界，进而影响个体的生活态度和行为举止。此外，美育也能促进德育、智育及体育的有效开展，实现以美引善、以美求真、以美健体。因此，美育功能的发挥往往影响到一个学校文化建设的整体面貌和生长空间。这是美育为我们所推崇的根本原因，也是它的魅力所在。可以说，在培育和谐学校文化的众多途径中，它是最为重要、最为有效的一种。

和平里四小的美育探索之路

和平里四小（本部）建于 1960 年，校园占地 7200 多平方米，有宽敞、平整、美观的塑胶操场，两幢色彩协调、风格活泼的教学楼。自建校以来，对于"美育"和学校文化的探索就一直是和平里四小校园建设的焦点所在。现在，美育已经成为学校文化建设的载体和体现。

和平里四小的美育是以美术教育为起点的。几十年前，美术教育被一群充满热情的教师带到了这里，逐渐生根、发芽。现在，这棵幼苗历经几代人的汗水浇灌，已经茁壮成长为一棵参天之木。美术教育作为美育的一个载体，将美术的理念贯穿、渗透到老师和学生的行为举止乃至每一个生活细节中，从而形成美育的氛围，奠定了以美术为载体、以育人为根本的美育特色，擦亮了学校的美育品牌。

建校 60 余年来，学校的建设与发展层层深入，不管是在校园硬件设施的建设上，还是整体文化氛围的培养上，都以美育为着眼点和中心，推动学校文化建设，取得了丰硕的成果。按照全面推进和实施素质教育的要求，学校倡导"以美养德、以美启智、以美健体、以美陶情、以美促劳"，紧抓美育这条主线，从 21 世纪人才的需要出发，坚持德、智、体、美、劳全面发展的教育方针，以"一切为了未来，一切为了孩子"为根本目的，逐步确立了"全面、和谐、高质、特色、一流"的办学指导思想和"志向远大，基础扎实，特长明显，身心健美，素质全面"的培养目标。经过长年的努力，学校呈现出以美建校、以美辅德、以美促智、以美强体、以美陶情这样一种整体的美育特色，为孩子们营造了一座轻松愉快、欢乐和谐、自由发展的美的乐园。

学校文化建设中的美育元素与教育价值

本着"要给孩子们最美的教育"宗旨，和平里四小打造出了具有美育特色的校园文化，形成了"以美养德、以美启智、以美健体、以美陶情、以美促劳"的办学模式。新时期，如何发挥美育在校园文化建设中的作用，分析美育在学校文化建设中的价值，传承美育并推动其常态化发展就成为学校工作中的重点。学校文化是以学校师生内含于心的教育理念和教育价值为核心，以外显于行的教育行为和课程建设为表象。长期以来，学校将改革创新作为发展的强大动力，大胆探索构建一个具有自身特色的高效、综合的美育课程体系，以课程体系的改革促进创新人才的培养，进而推动学校可持续发展。

一、借助美术教育，开启课程建设之路

从学校文化建设的视角来看，办学理念定位了学校文化发展的方向，课程则决定了师生行为文化的走向。一所有内涵、有特色的学校能为学生提供丰富而有个性的课程，并为课程实施提供切实的保障。长期以来，和平里四小以科学发展观为指导，在党的教育方针指引下，不断地探索和实践课程文化，慢慢地形成了具有一定特色的课程建设文化。

20世纪80年代初，特级教师胡明亮将漫画引入课堂，形成美术特色课程，由此带动了学校欣赏艺术美和学习科学美课程的发展，形成了"一体两翼"的课程结构。之后，学生的多元发展、教师的专业成长、学校的特色办学不断地驱动学校的课程建设研究，直至如今构建了学校美育课程体系。美育的根本目的是关注受教育者自身的全面发展，因而能突现现代教育"以人为本"的宗旨。学校提出"以美育美"的办学理念，其中"以美"的"美"即美的课程。课程中传递一种美的状态，运用美的形式，营造美的文化氛围。"育美"的"美"即培养具有美的特质、全面发展的学生。美的特质指具有掌握知识内在美的能力，拥有健康美丽的体魄，获得创造美、欣赏美、鉴赏美的情操。具有美育特征的学校教育课程应该尽显人的自由品格，展示人的生命活力和创造性，在交往与对话基础上，融知、情、意为一体，达到教与学的和谐。美育是塑造人健康心灵的教育，是伴随着学习过程的发生而不断积累的品德修养。美育要融合在教学过程中，也就促使我们教师不断思

考、改进教育行为，以自身的审美修养和高超的教材驾驭能力，使学生在美的感受中润泽美的心灵。

基于对"美育"的认识与思考，我们将工作重心一直放在学校的课程架构与课程建设中。

（一）第一阶段：2002 年之前，漫画进课堂，打造美术特色课程

20 世纪 80 年代，从事美术教学的胡明亮老师，结合自身爱好、特长，首次将漫画教学引入课堂，开启了尝试研发校本课程的先河。在自身的努力和学校的大力支持下，漫画教学发挥着巨大的影响力，产生了辐射引领的效果，使和平里四小的美术教育众口皆碑。把漫画引入美术课堂的教学改革实践获得了北京市政府颁发的北京市首届基础教育教学成果奖。2002 年，我校被中国美术出版总社、中国漫画艺术委员会授予"全国首家漫画教学创作基地校"，漫画校本课程已成为学校创建校园文化品牌的亮点。之后，我校的三位美术特级教师带领美术组先后在民间剪纸、泥塑制作、儿童科幻画等方面不断地开启美术教育的特色课程。我校多次代表市区参加特色学校验收工作，获得"美育特色校"称号。

（二）第二阶段：2002—2010 年，搭设"一体两翼"的课程结构

一个学校的发展，仅靠一门精品课程是远远不够的。学校的课程还应不断开发，要"研究自己学校的教育根基"，要有自己的定位。2002 年，美国心理学家霍华德·加德纳教授提出的多元智能理论开启了学校育人的新篇章。根据学生身心健康成长的特点，学校将美育与其他学科加以融合，发展学生多种潜能，培养其健全人格。美术课程中科幻画的绘制带动了我校科学学科的研究，再借助学校申报北京市科技示范校的东风，以及多年积淀的美育特色品牌，我校大胆地进行了学科整合的探索与实践。有了这样的认识，学校"一体两翼"的特色课程结构孕育而出。

"美育是一种渗透着审美精神的教育"，从这一意义出发，为了在更多学科、更多领域渗透美的教育思想，为了更好地突显"美育是教育的一种境界"这一理念，我们提出了"以美育美"的课程体系，目标是"培养全面发展、学有所长的学生"。

二、依托育人目标，构建"以美育美"的课程体系

2010年，在继承美育特色和浓厚的文化积淀的基础上，学校明确提出"以美育美"的特色办学方向，并逐步将美的教育渗透到学校工作的方方面面，形成了鲜明的办学特色，推动学校工作的全面提升。真正的美育，是将美学原则渗透于各科教学后形成的教育。这里的"美"，既包括美学理论知识，又涵盖了实现美育的各种手段和途径。"以美育美"体现了教育的本质是在师生平等基础上情智互动的生命历程，是共同认识美、感受美、欣赏美、展示美和创造美的过程。美育是真正"以人为目的"的人文教育。正如席勒所言：只有当人在充分意义上是人的时候，他才富有审美；只有当人充满审美的时候，他才是完整的人。在这种认识的支撑下，学校开始进行建构"以美育美"课程体系的探索与实践。

"以美育美"办学思想涉及五个维度：

以美养德——用润物无声的校园文化之美滋润学生的心灵；

以美启智——用异彩纷呈的多级课程之美启迪学生的智慧；

以美健体——用各具特色的阳光运动之美提升学生的体能；

以美陶情——借主题鲜明的特色活动之美滋养学生的情操；

以美促劳——借自主体验的个性创造之美丰富学生的生活。

学校以课程的五个维度目标为纲，将国家课程、地方课程和校本特色课程相统合，通过灵活、多样的互动方式，以及各维度课程所倡导的教学方式，从落实各级各类课程目标，到落实各维度培养目标，最终实现学校的整体育人目标。

核心素养可归纳为三大领域：人文素养、科学素养和艺术素养。课堂上，通过生生互动、师生互动，真正体现了学生是学习的主人，实现了用调动内驱力来提高课堂教学效率的目的。依托课堂教学主阵地，关注教学语言、教师形象、课堂设计、师生关系等，全面渗透美育特色教育思想，突出了美育功能。

课程整合主要体现在学科知识间的整合、学科知识与生活的整合、资源

的整合以及学习方式的整合。学生在这充满美感与活力的课堂上受到启迪，情操得以升华，素质得以提高，学校教育教学质量也就稳步提升。

三、实施"以美育美"课程，育人目标独具特色

（一）"以美育美"课程是渗透着体验与想象精神的教育

"以美育美"课程实施过程是一种在人文环境中的体验，是主体在面对学习对象时的感触与激动。我们的教育必须基于体验与想象，并通过体验积淀获得真正丰富的人生。

（二）"以美育美"课程是渗透着感性精神的教育

我们的美育就是要通过"以美育美"课程使人拥有"感受美"的眼睛和"体验美"的心灵，并通过对各种感官能力的发掘，使人能"以全部感觉在对象世界中肯定自己"，一方面为了使人的感觉成为人的，另一方面为了创造同人的本质和自然界的本质的全部丰富性相适应的人的感觉。

（三）"以美育美"课程是渗透着创新性精神的教育

美育应把学生的学习过程转化为创造过程或创作过程。"以美育美"课程以学生活动的动机兴趣为中心，通过丰富多彩的活动课程让学生开阔视野，发展个性特长，增进身心健康，并通过选择性学习获得自主学习的乐趣，身心得到全面和谐的发展，自信心得到增强，为一生的幸福发展奠基。

（四）"以美育美"课程是渗透着和谐精神的教育

"美"是什么？美是和谐，美感就是和谐感。和谐的教育也意味着教育中各种关系的和谐，包括教育中的人与人、人与文本的关系，也包括人与自身的关系。教育的主要目标就在于引导受教育者养成和谐的健康人格（自我与世界的和谐），这是人生奋斗最重要的成果。

四、独具特色的课程建设之路任重道远

（一）逐步形成三校区的课程序列

2014年，和平里四小承担了和平里四小优质资源带的建设工作。随

着改革工作的不断推进，三校区必将经历一个"陌生—熟悉—融合"的过程。以和平里四小为龙头校的优质资源带地处和平里地区，拥有共同的自然、人文环境。由于各校的发展历史以及诸多因素造成了校际发展的差异，形成了自身独特的办学目标与规划。不同校区在统一的学校发展建设蓝图中各有所长，必须整体设计出适合三个校区特点的课程结构，并在逐步推进的过程中加以完善，方能走出一条适合新形式新要求的课程建设之路。

（二）不断完善课程评价体系

评价是课程的重要组成部分，科学的评价体系是实现课程目标的重要保障。随着课程设置日臻完善、细化，需要建立一套完备的评价指标体系，对各个领域的课程进行价值评估。校本课程评价包括两方面：一是学生学业的评价。通过评价，使学生在研究中不断体验进步与成功，认识自我，建立自信，促进学生综合能力的发展；使教师获取教学的反馈信息，对自己的教学行为进行反思，及时了解课程标准的执行情况，不断发展和完善自我。二是课程本身的评价，包括形成性评价和终结性评价。形成性评价是校本课程开发过程中实施的评价，终结性评价是校本课程开发后实施的评价。课程评价所获得的信息可以成为下一轮校本课程开发的决策基础，包括相关教材的开发、编辑以及出版、应用等。

和平里四小师生追寻理想课程、理想教育的脚步从未停歇。当学生离开学校时，带走的不仅是知识，更重要的是对理想的追求。学校要让孩子的天性有展现的空间，智慧有表达的机会，美德在学习中扎根，梦想在勤奋中实现。我们坚持"以美育美"的办学理念，发挥学校文化在学校课程建设和发展方向的引领作用，逐步完善蕴含学校特色和共同教育价值观的学校文化视域下课程体系的建设。我们将在"以美育美"育人目标的引领下，怀揣着沉甸甸的教育责任，运用无限的教育智慧，把"大美育观"作为工作的出发点，将美育延伸到各级课程，以更好地发展学校的美育特色，不断提升教育内涵，逐步形成独具特色的学校品牌。

融合提升，构建资源带一体化发展

和平里四小是一所既注重传承学校特色传统文化，又锐意进取的特色品牌学校。学校历经岁月淘洗积淀出的教育思想与品格，焕发出厚积薄发、历久弥新的独特魅力，展现出承前启后、继往开来的时代特色。

一、我们合而相融——三校区建设各美其美、美美与共

（一）办学理念的统一，打造资源带品牌发展的支点

我们积极探索符合资源带教育规律的教学机制，打造适应资源带发展的学校管理模式，确保资源带发展水平是水涨船高、向上提升，而非削峰填谷、向下平衡。经过一段时间的交流磨合，我们找到了三校区的对接口与融合点，即围绕"以美育美"的办学思想，让"美育"成为我们共同发展的支点。我们以优质教育资源带建设为切入口，以健全科学管理制度为保障，以各校区特色发展、丰富资源带主体文化为抓手，打造具有主体文化内涵又各具特色的校区文化及校区课程；以统筹资源带上教师的轮岗交流、加强教师的培养力度为核心，为和平里四小优质资源带教育教学质量高位运行保驾护航。

经过几年的摸索，资源带走出了一条属于自己的路。一校三校区的教育资源带，经历了融合与超越，以教育方阵的格局态势，在不断扩大教育规模中依旧保持卓越的品质追求。资源带成立以来，东师附小校区的办学条件发生了巨大的变化，新建了能够容纳200人的礼堂，集合电子阅读、纸质阅读的多用途图书馆、舞蹈教室，为学生的学习活动提供了场地资源。和平里二小校区的环境和教育教学的软硬件设施也得到改造和提升，使之能更好地服务于教育教学。资源带三个校区实现了网络教育信息联网、视频会议同步直播，更及时高效地提升了教育教学效率。几年的奋进，证明资源带完全能够在更广的领域、更高的水平、更大的体量上持续发展，资源带建设是促进区域优质教育均衡发展的重要动力源。通过几年的努力，资源带各校区加大统

筹、多方联动，前后相继、横纵联通，融合传承、优势互补，做成共同体，稳步前行，成为有利于学生成长、教师提升、学校品牌发展的平台。

（二）行动计划的建设，构建资源带品牌发展的蓝图

资源带积极顺应时代变革与教育发展的真实需求，在学校发展的核心领域与关键环节大胆实验，整体推进，系统变革，以内涵发展促进品牌建设，努力构建新时期下素质教育创新实践的新格局。围绕资源带的建设，我们提出了《和平里四小优质资源带五年发展规划三年行动计划建设与实施方案》。在这个过程中，教师们畅所欲言地谈论资源带的过去、现在和将来，这样，在学校的愿景里就有他们对学校发展的期待，有他们为建设自己的学校付出的努力和进行的思考。我们在规划的制订过程中凝人心，聚人力，从而为规划实施奠定了基础。

（三）管理制度文化的实施，提升资源带品牌发展的内涵

在制度层面，我们考虑了以下问题：三校区内涵发展的基础是什么？目前发展的平台和瓶颈是什么？在学生全面而有个性地发展的同时，如何科学地实施素质教育？提升教师专业化发展的途径、手段是什么样的？通过深入思考与研究，我们认为，"工欲善其事，必先利其器"。首先，为资源带的发展建立新的管理制度。比如，资源带师德公约，资源带教师、干部轮岗交流制度，资源带师徒工作职责，等等。用制度管理盘活各校区师资等各项资源。其次，根据各校区的特点构建校本课程体系，促进教师专业发展，促进学生个性发展，进而形成各校区特色。在校本课程的开发与实践中，不断地推进、建构资源带校本课程建设体系。

在管理层面，我们实施"精细管理"，积极创设与改革相适应的环境"场"，使资源带三个校区在融合、融通、交流中共同发展。形成了"校长全面负责—各校区执行校长统筹协调—各校区教育教学副校长主抓—教育处、教学处—年段组、年级组—任课教师"层层负责的教育教学管理体系。依照区教委提出的管理人员要"沉得下去，跟得上来"，做到"深入课堂，研究课改；调控指导，服务课改"，加强"过程管理"。细化"备课、上课、听课、作业、辅导、评价"等教学环节，强化教学常规，加大督查制度的落实，将教学的全过程置于有效的督控之下。让管理成为一种文化，滋润教师的心田，以提升资源带品牌发展的内涵。

二、我们共同成长——在精神和专业上引领教师发展

教师队伍是兴教之本，兴校之源。面对三校区教师队伍、工作环境的大融合，我们认真梳理需要解决的问题。大家深深地体会到，学校要在不断改革的教育动态中求得生存和发展，必须创造出良好的教育教学环境和与时俱进的教学手段，但更重要的是要建设一支具有良好思想品德、热爱教育事业、专业过硬的优秀教师队伍。我们认真贯彻教育规划纲要，用心用情用力推出了一系列利教惠师政策举措，大力加强教师队伍建设，使教师领域综合改革实现突破，教师工作取得新进展，教师队伍呈现新面貌。

（一）净化价值取向，形成教师的"内动力"

资源带联合党支部以党的群众路线教育为契机，在深化作风建设的同时，把"当人民满意的教师，办人民满意的教育"作为工作目标，抓住师德建设这条主脉。学校加强教师队伍建设，持之以恒抓师德，连续开展"做'四有'好老师，争做优秀引路人"主题活动。发现、宣传、树立德才兼备的好干部和师德高尚的好教师，讲述"我身边的好教师"先进事迹，并推出微故事、微视频，唱响主旋律，传递正能量。每学年末评选资源带"师德标兵"进行表彰。教师节，三校区教师聚集一堂，召开"做品行之师，树师德风范"表彰会，校长带领大家进行师德承诺宣誓。响亮的誓言，提示每一位教师要恪守廉洁从教的师德规范。不定期召开"树师德之风，扬师爱之帆，聚教育之力量"师德主题教育大会。在会上，三校区结合工作情况，将一个个普普通通却又感人肺腑的小故事展示给大家，使大家感受到榜样就在身边，感受到师德不是一个空泛的概念，它体现在教书育人、言传身教的职责中，凝聚在对学生始终如一、无微不至的关爱里，升华在对教育事业无比忠诚、不为名所动、不为利所诱的坚贞操守上。之后的三校区教师进行"我讲我的教育故事"师德演讲比赛，将师德教育活动引领到高潮。让师德成为教师共同的理想、信念与追求，使之成为教师发展的"根"，激发教师"敬业、

爱生、乐教"的内动力。

（二）打造师训环境，唤醒教师的"认识力"

资源带要发展，核心在教师的发展与提升，一所学校的品质保障关键在教师队伍的质量。为促进资源带教师专业能力的提高，为资源带发展奠定坚实的师资基础，我们构建了"1+3+X"教师校本培训机制。

为促进教师队伍的有效融合，中层干部队伍的有效管理，资源带积极推进三校区之间干部、教师轮岗交流制度。广大干部、教师在轮岗交流中得到了锻炼，提升了能力，加快了成长步伐，推动了资源带整体干部、教师队伍的教育教学水平发展。目前，我们拥有一支能在专业学科和区域领域推动具体改革的一线干部、教师，他们有底气、有干劲、有活力，能挑大梁、担重任、勤奉献，直接推动着资源带改革破浪前行，为资源带事业发展提供源源不断的新动能。

（三）搭建教研平台，孕育教师的"生长力"

资源带成立后，注重以科研引领为高地，提升教育教学高度，为教师搭建了更大的教研平台。三校区立项了多项课题——其中有多个市级、国家级的重点课题，形成"人人有课题"的研究氛围，使三校区教师的科研素质与水平得到提升，促进了三校区教师教法共研、经验共享、合作共进、成长共赢。我们在区教研室引领下，引进高层次、高规格的机构专家，以和平里四小为基地，开展"种子"提升培训工作。"近名师，自教研"，每学期我们都请来教育教学方面的专家和学者，让老师们近距离与名师接触，亲临名师课堂，聆听专家讲座，面对面与专家沟通请教。"北京教育科学研究院基础教育教学研究中心小学语文教学工作站""张立军特级教师工作室"的成立，"名师大讲堂——特级教师吴正宪走进和平里四小优质教育资源带"活动的举办，开启了教学研究的又一个新起点。

为了让三校区教师的教育教学水平在原有基础上有更大的提高与引领，教研室专门组成团队到校教研，为教师搭平台，开展市区级教育教学研讨活动。2016年6月3日，我校承办了北京市学校美育研究系列活动暨东城区美育研究会"以美育美 与美同行"专题研讨会，研讨会上展示了我校三位老师执教的美育主题班会。2016年11月15日，资源带在市区教研部门的支持下，隆重召开北京市小学学科主题研究培育学生核心素养研讨活动，组织开展以"培育学生，发展核心素养"为主题的跨学科主题实践研究课程交流与研讨。2016年12月22日，召开以"丰盈语文课堂，发展核心素养"为主题的北京市小学语文课内外整合阅读实践研究研讨会。2017年3月21日，采用汇报、听课、评课、教师座谈、集中反馈等形式，以全方位展示和优异的成绩圆满完成了北京教育科学研究院基础教育教学研究中心（以下简称北京教科院基教研中心）、东城区教育委员会、东城区教师研修中心等单位的百余位领导、专家、教研员对资源带各校区进行的全学科教学视导。

一次次的讲座、研修、培训、现场教学活动，使资源带上的所有学科教师共同学习、共同成长。教研和教学的融合发展，让资源带生态绽放活力。教师们立足课堂教学，有意识地在活动中提升自己的实践智慧。每一次联合活动的推出与研究尽可能以团队为单位，一人领衔，全员参与，所呈现的结果凝聚了整个团队的集体智慧。在和平里四小龙头校的带领下，资源带各校区在教育教学理念、教学管理等各方面形成紧密的融合。通过校际资源共享，以强带弱、一带多等多种形式发挥优质校的辐射带动作用。

一系列师训培训机制及融合培训机制带来了可喜的变化，教科研的深入开展带来教学实践上的丰硕成果，多位教师撰写的论文在各级各类活动中获奖或发表。这些成绩的取得奠基了我校丰厚的科研土壤，为全面、深入开展课程研究提供了可能，在学校长足发展的同时实现了教师的专业化发展，使教师进入学中研、研中教、教中学的良性循环，助推教师的成长。

三、我们充拓图强——创建"以美育美"课程体系

基于对育人目标的认识与思考，我们将教育教学工作的重心一直放在"以美育美"体系架构与课程建设中。在顶层设计方法论指导下，我们通过对学校整体课程（国家课程、地方课程、校本课程）的设计与规划，构建且不断地完善"以美育美"课程体系，实现学生、教师和学校三位一体的成长与发展。

资源带的发展植根于三校区深厚的文化土壤，用制度和行为构建起以学生为聚焦点的全方位的育人模式，打造出了具有美育特色的文化校园，锻造出了优质的师资队伍，培养出了全面发展的学生群体。我们有信心在市、区教委各方领导的指导下，怀揣着沉甸甸的教育文化积淀，不断地构建完善的制度文化，促进教师深度觉醒，并将自己的认识转化为自觉的教育行为，加快融合，提升内涵，积极推进资源带一体化进程与发展。

第二章 "以美育美"的学校建设

以美治校,创建学校特色品牌

秉承着"以美育人"的传统,和平里四小的建设者们充分发挥着自己的创造才能和激情,让美在校园的每一个角落都开花结果,让美成为学校的精神格调。回顾这些年的历程,我们主要做了以下两方面的工作。

一、以美术教育为切入点——美育特色的萌芽

美术教育并不完全等同于美育,但是毫无疑问,美术教育的发展是美育特色培养与形成的前提条件。和平里四小正是体现了这样的发展思路。学校从建校开始一直有一批专业素养很高、基本功底很扎实的美术教育者。学校美育最初的起点就是这些业务精尖的努力,他们以美术教育为切入点,但又不仅仅局限于美术这一学科,而是以美术教育为原点,不断推进,对学生的身心、智力、行为进行全方位打造,把美育贯穿到对学生的培养教育、教师对学生行为举止的塑造、整个学校文化的营造等各个方面。

此外,其他学科的教师,在学科教学中也注意美育挖掘,教会学生塑造美、欣赏美、表达美、体会美、感悟美。如此潜移默化、日积月累,逐渐发展形成今天我们引以为傲的美育特色。美术教育就像是投入湖中的一粒小石子,这粒石子犹如在水中激起层层波浪一般,促进了学校美育特色的形成。

总的说来,正是因为有了这样的师资,才有了这样一种文化积淀产生的可能。在这些美术教师专业文化的熏陶下,整个教学队伍乃至整体学校文化

氛围，越来越多地体现了一种美育特色，逐渐形成了以美养德、以美启智、以美健体、以美陶情、以美促劳这一系统的美育体系。

二、以丰富多彩的活动营造氛围——美育特色的探索与发展

学校从建校开始就重视各项学生活动的展开，并且提出坚持面向全体学生的原则，动员人人参与，给每一个学生同等的机会，鼓励他们登台亮相，展示自己的特长爱好和艺术才华。学生通过对自我的挖掘和展示看到自己的智慧、力量、个性和创造力，并从中吸取前进的力量，从而体验到自尊和自豪。

现代教育最重要的是强调以学生为主体，而学校一系列美育活动的开展，正是体现了主体在教育活动中不断完善自我，由被动接受教育到主动参与教育的过程：孩子们和老画家共同作画，和名演员同台演出……由此不断地受到艺术美的熏陶，提高了艺术鉴赏力和审美品位。在耳濡目染中，孩子们学会了在自然界中观察美，在社会生活中发现美，用自己的双手创造美、表现美。而从学校方面来说，通过一系列活动的展开，也逐渐形成了自己的传统，由此建立起具有传承性的各种活动系统，为美育育人的学校文化建设提供了良好的氛围。

美育特色学校的内涵式提升

一、物质环境是基础

物质环境是学校文化的前提和基础，对于整个学校文化建设有深刻的影响。校园物质文化建设包括校园建筑、校园活动场所和所有教学设施设备，它们既是学校文化的物质载体，也是学校文化的重要形式。优美的环境也是一种文化，有潜在的育人功能，能净化人的灵魂、规范人的言行、培养人的习惯，对学生起熏陶和感染作用。随着教育事业的蓬勃发展和教育改革的逐步深入，和平里四小的办学规模不断扩大。

截至2023年，学校三校区共占地近1.6万平方米，有72个教学班，近3000名在校学生。学校的教室明亮而洁净，并且全部配有相应的现代化教学设备。此外，学校还专门设置了美术、音乐、自然、计算机、形体等十一个专用教室，为培养学生的特长提供了优越的学习条件和发展空间。

学校的硬件设施建设颇有特色。教学楼里，既有胸怀祖国、放眼世界的地理活动区开阔学生的视野，又有现代艺术大师米开朗琪罗的绘画吸引着孩子们的目光，还有光怪陆离的神秘海底世界，可供查阅信息的触摸屏……这一切都让孩子们流连忘返。学校环境的塑造无不体现着美的要求与理念，为孩子们打造了一座艺术殿堂。

苏霍姆林斯基说过，我们的教育应当使每一堵墙都说话。学校充分利用各个空间，建立了钢琴角、艺术角等，每个角落都有一些绘画作品或者艺术品来让学生感受、欣赏。在诗画般的校园里，学生沐浴在艺术氛围之中，处处可以感受到艺术的熏陶与感染。学生在美的乐园中时时获得美的感受，体验美的情怀，在行为和心理上进入美的境界。

二、制度建设是保证

学校的制度文化是学校文化的重要内容和表现形式。和平里四小坚持以人为本的理念，努力营造有利于教师专业发展的情境，给教师以发展的空间，鼓励教师自我学习与自我提升，使"人尽其才，才尽其用"。在学校管理中淡化管理者的角色和地位，强调建立民主的对话模式，鼓励教师、学生、领导互动与交流，营造民主、平等、和谐的管理氛围。通过让教师、学生都参与学校决策与管理，让教师感到"家"的温暖，得到精神和人格的自由舒展；给学生一片能够自由发挥才能的空间；也给了领导与老师、学生打成一片，共同进步、共同发展的空间。

学校校风朴实严谨。教师的任用与提拔一律坚持"任人为贤"，只有业务过硬、整体素质较高的教师才能获得学校的认可与提拔。在这样的价值取向的引导下，自然形成了正派的、公平的竞争环境。而这样的环境又更加有利于学校的管理，就像一开始只有一个原始的树根，渐渐长出了树干，随之而来的是更加庞大而坚实的根系，它能渗透到各个领域，从各个地方吸取营养。渐渐地，因为土壤、气候等诸多适宜的条件的影响，这棵树甚至能变成一大片森林。一种文化，能够产生，能够积淀，能够传承，必然有它的道理。学校的美育也是如此。

这种美育的学校文化特色，正是考虑到人的心理生长规律和孩子们成长的氛围，是一种潜移默化的渗透过程，因而受到了师生的一致欢迎，也赢得了社会的认可与推崇。

三、人文环境建设是整体建设的题中之义

"孟母三迁"，说明对一个人来说其所生活的人文环境起着非常重要的影响，"环境造就人"就是这个道理。健康和谐的人文环境能给师生创造一个有形而庄重的心理"磁场"，富有"润物细无声"的教育魅力。有力量的文化能影响和熏陶教师和学生，最终使之内化为师生的实践内驱力，从而使师生的行为得到规范，思想得到提升，情操得到陶冶，心灵得到升华，素质得到提高。一个学校如果有一个非常和谐的人文环境，无疑是这个学校所有师生最大的幸福。

和平里四小坚持以人文环境为核心，积极建构优美、和谐、促进学生个性全面发展的学校文化特色。和平里四小的一大特点就是宽松、和谐的环境气氛，在这样的包容性中保证人与人之间和睦的关系。学校的孩子们非常活泼，保持了这个年纪的孩子应有的天真与童心。师生之间的关系非常融洽，教师对学生坚持宽容的教育方针，主张自由，提倡个性的发挥。学校形成了民主平和但不失原则的教学氛围。师生打成一片，但工作、娱乐界限分明，因而也不会发生教师过分活泼而影响正常教学秩序的问题。对教师来说，这里没有人和人之间的紧张感，和谐宽松的校园氛围犹如家庭一般，让人没有隔阂和负担；对学生来说，教师会和他们一起参与各项活动，平时的学习也更加地积极主动；对领导来说，教师之间的融洽关系更加便于管理与领导。现在学校拥有一个年轻精干、团结协作、大胆改革、无私奉献的领导班子，精心培养了一大批思想先进、业务精良、务实创新、永争第一的中

青年骨干教师。

学校对素质教育做了特色诠释，即以育完美的人为核心，以开发人的潜能和创造力为目的，以形象、生动、感人的教育形式为内容。通过教师、学生、家长全员参与，以及学校、家庭、社区共同探索，着力培养能面对各种挑战的人才的素质美。

四、各项活动是载体

经过多年的经验积累与总结，学校的美育活动已经呈现规范化和规模化。不但保证了各项活动的展开，还发掘出经典的品牌活动，在学校内部甚至社会上产生了广泛的影响。这些活动主要包括以下四个方面。

（一）"漫画进课堂"活动

漫画教学就是在课程当中用漫画这种工具启发学生心灵，创新学生的观察视角，让学生挖掘生活当中的美，讽刺生活当中的不良行为，用漫画来表达真善美。漫画教学在课堂教学中原本是没有的，但是现在这种教学方式一直在延续，一直在进行。和平里四小的漫画课堂，关键不在于教学生怎么画，而在于教他们怎样表现，怎样进行善意的批评与对假丑恶的讽刺，因此漫画进课堂深受学生的欢迎。

值得一提的是，漫画教学最初是因为学校一位老师擅长以漫画来教育学生，他根据学科特点和特长，把漫画带入了课堂。这种尝试从"八五"期间就开始进行。而这位老师根据自己的教学特点进行课题研究在"八五"期间的北京市十佳课题当中获得了一等奖，这是对我们美术教育的新鲜尝试的一种鼓励。

接着，另一位老师通过学校来推展课题，以课题的规范形式把漫画教学逐步推广到市，直到推及全国。他的这一探索也获得了"八五"期间北京市科研成果一等奖。在此基础上，学校逐渐开始大规模地开展美育。目前，学校有四位特级教师，其中三位是美术教师——一位漫画特级，两位儿童漫画特级。

（二）书画艺术节

学校每年"六一"儿童节前夕都会举办"书画艺术节"。这一活动要求全校每一位学生都积极参与，每年活动期间学校里的活动气氛非常浓厚：铺天盖地全是学生作品。学生可以根据自己的特长进行不同的选择，不管是绘画、剪纸、纸质时装，还是手工艺品，都可以参加评选并进行成果展示。在孩子们的手中，一个纸包装的盒子可以变成搭载乘客的火车，可以变成设计新颖的时装，还可以改头换面，画上许多图画……在这样的活动中，孩子们不仅锻炼了能力，还受到潜移默化的教育熏陶。

例如，第六届书画艺术节的主题是"创造美的生活"。此主题的教育目的是培养学生用自己的双手通过智慧和劳动去美化自己的生活，提高自理、自立的能力，在创造美的生活的同时培养热爱生活的感情，增强审美意识。学生们纷纷行动：画装饰画，写对联和条幅，设计、制作服装，制作小花帽，扎染头巾、手绢，采集昆虫和植物做标本，收集花石头做盆景等。还有的学生主动帮妈妈做饭菜练习拼盘技艺，还有平时不会针线的学生也趁此机会，学着缝制卡通娃娃。学生们兴奋而忙碌，他们感受到学会一样本领的喜悦，体验到生活的意义和乐趣。在美的发现与创造的过程中，他们的道德情操得到陶冶，纯真的童心得到美化。而同学之间的互帮互学更是有利于团结协作关系的形成。一时间，行为美、语言美、仪表美、环境美在校园蔚然成风。

特别要指出的是，在活动中，为了锻炼学生的语言和社交能力，学校还特意组织了100多人的接待团，负责接待邀请到校参加艺术节的贵宾。接待团的学生自己查资料写接待词，动手设计名片，并落落大方地接待宾客。来宾到校时被孩子们那充满自信、彬彬有礼的举止，滔滔不绝的讲解和及时应变的谈话所感动，看到了显现在孩子们身上的正气、才气和勇气。

在书画艺术节的成果展示阶段，2000多平方米的校园操场到处挂满了孩子们创作的绘画、书法、摄影和工艺作品，1500多颗童心和3000多件作品交融成艺术的海洋。孩子们和应邀而来的书画艺术家一起画长卷画，画粉笔画，画巨幅儿童创作画，画漫画，做剪纸、布贴、纸工。每个学生都参与其中，这样的广泛参与性使得艺术特色和艺术氛围都得到了体现和提升。

艺术节开阔了学生的视野，扩展了学生的知识结构，培养了学生的创新精神，增强了学生的实践能力，开发了学生创造的潜能，帮助学生树立了审美意识，所以艺术节在学校美育方面占据重要的地位。

（三）小孔雀歌舞晚会

学校每年在10月13日少先队员建队日举办"小孔雀歌舞节"。这一年一度的大型传统性艺术活动，使孩子们感受到童年的欢乐，吸引着家长和毕业生前来观看。教师和孩子们一起创作，共同表演，师生的欢歌笑语在校园上空荡漾，成为学校美育特色中一道亮丽的风景线。

每年的小孔雀歌舞晚会上，孩子们的歌声、乐器演奏的旋律，伴随着轻盈欢快的舞姿、情感奔放的诗歌朗诵和幽默有趣的小品剧，汇集成欢乐的童年交响曲。熊熊燃烧的篝火映照着一张张笑脸，冉冉升起的孔明灯展示着孩子们对科技的迷恋和对自然星空的向往。值得一提的是在这样的教育活动中，教师不再是指挥者，而是参与者和指导者，他们为孩子们推荐资料，准备道具，出谋划策，梳妆打扮，把自己放到一切为孩子们服务的地位。这就保证了群体参与性，不仅丰富了孩子们的科学文化知识，也丰富了他们的感情生活，追求美、向往美的思想境界得到了升华。

学校举办艺术节历时十几年，经久不衰，越办越红火。这使得学校开始放宽视野，组织全体学生走出校门。学校尝试在北京石景山游乐园举办这一活动，并参加了首届"首都校园风采博览会"。这一举动受到了社会各界的赞扬，轰动了整个博览会。可以说，学校的艺术节深深地吸引着孩子们的心，使他们在紧张的课堂学习之余获得积极的休息，提高学习效率，减少心理压力，有效地促进了学生的身心健康，使他们感受到童年生活的美好和快乐。一届届艺术节的成功举办，使得学校生机勃勃，教育教学质量不断提高，名校效应在社会上产生了深远的影响。

（四）其他艺术活动

每年的重大节日期间，班级和学校也会举办各种形式的艺术活动。学校可以保证每个学生至少有一件作品在学校里展出，而在各种活动的举办中，重要的不是孩子们表现得有多好，而是大家一起参与写字、画画、唱歌、跳舞、朗诵等活动，重要的是参与性，或者说他们在整个活动的参与过程中是不是处于主体地位。这样的主体地位能保证孩子们全身心投入，通过这种投入锻炼动手实践能力，体会到创造的乐趣。这样的体验对孩子们自身的健康成长有着重要的意义。

融合社会资源，打造绿色校园

"节约型学校"是当今学校素质教育的重要载体，也是环境保护的重要实践方式。创建"节约型学校"，是学校参与全社会环境保护与可持续发展的重要行动标志。

"节约型学校"的建设，不仅能使教师和学生的环境素质得到提高，学校的环境品位得到提升，还可以通过学生带动家长—社区—社会，从而使社会公民广泛参与到环保行动中来，以提升社会公民的环保意识，培养学生具有社会责任感。因此，"节约型学校"建设意义深远。

一、建设人本和谐的绿色管理

和谐、有效的组织与管理，是建立节约型学校的有力保障。

(一) 建立职责分明的分级管理制度

学校高度重视绿色学校的建设工作，建立了严格的管理制度，实行分级管理，职责清晰，责任到人。学校建立了以校长为核心的行政领导一级管理组织，以后勤主管为核心的二级管理组织，以年级组长、教研组长、后勤组长为核心的三级管理组织。

(二) 实施过程中分工明确，确保落实

为了更好地落实工作方案，要求我校教师严格遵守以下原则。

团结协作、共同发展：在学校各项工作开展过程中，大家不分彼此，团结协作，协调各方面的优势，本着为学校发展、为学生发展的目标贡献力量。

各负其责、保质保量：在学校各项工作开展过程中，各级负责人要履行自己的职责，如期完成自己责任范围内的任务，保证学校教育的质量。

二、融合社会资源，推动节约型学校的创建与实施

(一)统一认识，树立环保教育理念

学校领导充分认识到创建节约型学校的重要意义，因此坚持以面向可持续发展的环境教育为指导思想，构筑以学校为主导，以学生为主体，以课堂和社会为载体，学校和资源单位共同参与的学校环境教育体制。坚持以低碳环保理念教育学生，在全校范围内渗透可持续发展意识、环境价值观、环境参与意识、环境建设与创新意识。

学校注重将专家请进来，对学校教师进行不同层面的培训，既有面向全体教师的，也有针对特色课程的。例如，对全校教师进行了倡导低碳生活、珍惜地球资源、转变发展方式、交通安全知识宣传、科学用眼、消防安全等培训。

(二)注重学校环境建设，创设环保教育氛围

学校环境建设突出以人为本，以创设多元的校园环境为理念。在原有基础上，学校对专用教室、楼道、橱窗、塑胶跑道等地方进行改造、设计。投资几十万元对校园及其附属设施进行整体规划，有计划地购买花草树木在植树节等节日中种植。

学校把校园、楼道、教室等区域进行划分，由保洁工人、后勤人员及各班专门负责净化，使学生在整洁、漂亮、多元、动态的校园环境中生活、学习，以激发学生对环境的热爱，提升学生的环保意识。

另外，学校工程中涉及的所有建筑材料、装修材料等都要求环保，都必须符合国家标准。

(三)重视课堂主渠道，将环境教育渗透到各项活动之中

1. 注重将环境教育渗透到各科教学之中

环境教育是素质教育的重要组成部分。学校注重把环境教育渗透到各个学科的课堂教学之中，鼓励教师挖掘各科教材中能渗透环境教育的观点。教学处、教育处经常进行备课检查，切实提高环境教育的质量，并组织学生开展综合性社会环境考察等实践活动，努力提高环境教育的质量和效果。

2. 充分利用多媒体等现代化的手段开展环境教育

学校充分利用校园多媒体系统和校园网进行环境教育。例如，每个班级都使用多媒体教学，在电脑课上让学生制作"环保"小报。学校大厅播放环保视频，广播站定期广播环保知识，利用校园中的宣传栏定期展示专刊宣传环保知识，张贴环保标语和环保宣传画等。

3. 注重主题实践活动的开展，提升环境教育的广度

学校利用升旗仪式、主题班会、走进社区等形式，开展环保知识教育。在周一升旗仪式暨国旗下讲话中，设计"珍惜资源""节水爱水"等内容，使环境教育渗透到国旗教育中，提高了师生的环境意识。学校教育处结合环保主题，建议班主任教师积极开展环保班会，管理家委会成员参与学生活动。大队辅导员带领学生定期走进社区，研究环境保护问题，学生捡拾社区内的白色垃圾，清理违章张贴广告，争做环保小卫士。针对学生的活动参与情况，学校还会评选出年级中的环保小卫士，鼓励学生"热爱环保，从自身做起"。

4. 深化环保课程建设，增强环保教育的深度

学校充分认识到环保教育的深远意义，因此，结合师生的条件、特点，深化环保校本类课程的开发、建设，例如罗炜老师的"开发校本课程，开展环保教育"，康建新老师的"环保校园剧"，刘春燕老师的"野生鸟类观察与研究""科学漫画""生活中的数学"等，逐渐完善了"一体两翼"的课程体系，更加深了环境教育的内涵。

5. 学校管理加强力度，注意节水节电

近几年，学校师生总人数呈现逐年递增的趋势，学校建设也是年年有，每个学期都有，因此耗水耗电。学校针对这种状况，加强对师生的教育，对工程队的教育、约束，尽可能地把能源消耗降到最低。

三、构建和谐校园，彰显环保教育成果

（一）"节约型学校"的创建，使校园变得更美了

环保教育不仅培养了学生的环境意识，而且提高了学生的思想道德素质

和科学文化素质，使学校找到了素质教育的突破口。广大师生从身边做起，从自己做起，从小事做起，养成了自觉保护环境的良好习惯。学校花草树木郁郁葱葱，道路、操场、教室无比洁净，宣传栏、校园环境设计新颖生动。学生轻声慢步，不高声喧哗、衣冠整洁、讲究卫生。学校通过一系列环境教育，使校园更绿、更美了。

（二）"节约型学校"的创建，使学生的素养提高了

学校积极参与市、区组办的各类比赛："我爱地球妈妈"演讲比赛、科学建议奖比赛、科技节的各类比赛、环保剧比赛、自然知识竞赛、低碳环保竞赛等。每年都会有不少学生获奖，例如，在2012年年底北京市"小院士"评比中，学校4名同学荣获"预备小院士"称号，14名同学被评为"小研究员"。在"中国少年科学院小院士"评比中，3名同学分别获得中国少年科学院小院士课题一、二、三等奖。康建新老师带领学生排演了多部校园环保剧，包括《鸟类法庭》《地球保卫队》《林边惊梦》等，在环保局比赛中也屡屡获奖。

（三）"节约型学校"的创建，使学生的社会责任感增强了

学校环境的建设、课程的构建、活动的开展增强了学生的环境保护意识，扩大了社会影响，使得一名学生影响一个家庭，一个家庭辐射一个小社区。"节约型学校"的创建不仅净化了环境，还提高了学生的文明素质，带动和影响了家庭、社区的精神文明建设。

营造"规范＋情感"的管理文化

学校管理中存在两种管理思想，一种强调对人的控制，另一种强调人的主体作用。前一种体现了理性管理的思想，后一种体现了非理性管理的思想。

在相当长的一段时间内，教育管理人员接受了与现代社会经济发展相适应的价值观念、道德标准，并确立以此为基础的科学管理模式，理性管理开始在学校管理中流行。它要求管理人员明确了解教育目标，了解教师的工作成效，了解学生的学习效果等，注意把经费的分配同教学成本联系起来。

理性管理强调严密的组织机构、计划和严格的规章制度，注重用量化方法评价学校工作，管理者与被管理者是控制与被控制的关系。学校管理中的岗位责任制、结构工资制、标准化考试甚至学生品德的量化标准等，都是理性管理的产物。

当今，以人文主义为导向的非理性管理被教育界广泛接受，并在实际管理中产生了深远影响。首先，它改变了学校管理中对人的看法，重视人的因素，特别是将人的组织行为作为讨论的重点；其次，加强了对人的行为的调查研究；最后，提出了在工作中实现"民主"和"自主"的原则，注重人与人之间的交流、沟通、合作以及相互理解与尊重。

运用非理性管理手段，必须确定"以人为本"的教育理念，弘扬人文精神，营造宽松和谐、协作进取的人文环境，从而建设高品位的校园文化。这也是我们学校所追求的教育理想目标之一。

一、重视人在管理中的主体作用

在现代学校管理过程中，有三种因素起着重要的作用：一是人的理念，有不同的理念就有不同的管理。二是环境，任何理念都是时代的产物，它是以一定的环境条件为基础的。三是管理者，管理者的价值取向、人文素养和管理水平是影响管理效能的主要因素。

坚持"以人为本"的办学理念，重视人在学校管理中的主体作用，是非理性管理的一个重要方面。学校管理的对象包括人、财、物等诸因素，其中人起关键作用。因为学校管理的起点和归宿是人，学校管理的动力和核心是人，学校管理的成功与失败也是人。

人是学校管理的主体，因而作为学校管理者首先要树立"以人为本"的管理理念，把人的发展作为管理的出发点和终极目标，重视人的参与意识与创造意识，使人的潜能得以充分发挥。

我们在学校管理中，坚持"以人为本"，树立"管理就是服务"的意识。我们提出管理者要坚持为教育教学服务，为师生生活服务，为学生的发展服务。

人的需要由精神需要和物质需要组成。近年来，随着社会的发展和生活水平的提高，教师的物质需要基本得到满足，教师将更加关注高层次的精神需要。教师有较高的文化层次，有独立的思想观点和方法，主体意识突出，重学识、重人品，重情义、轻权势，尊重、理解、信任的需要更强烈。非理性管理以人为中心，以情为主线，尊重人、理解人、信任人，在满足教师合理需要的基础上，致力于树立教师的敬业奉献精神，最大限度地调动人的主观能动性，形成群体价值观，共同实现教育目标。

我们在学校管理中，牢固树立以教师为主体的观念，尊重教师，依靠教师，加强校务公开的工作，充分发挥教代会的作用。在学校人事、财务、招生、评优、福利等重大问题上，遵循民主管理程序，利用各种形式让教师参与学校管理，逐步形成"个个主动关心学校发展，人人自觉参与学校管理"的良好氛围，使教师真正成为学校的主体。在日常工作中，我们注意了解不同年龄层次的教师需求。如青年教师上进心强，迫切要求思想、业务上进步，我们就为他们配备带教教师，关心他们成长，并在适当的时候，给他们"压担子"，帮助他们不断地提升业务能力。对于一时解决不了的需求，我们也实事求是，共同分析各种因素，积极寻找解决问题的办法。这样情理相融，教师心服口服，便把学校的各种要求内化为了自觉行为。

二、创造协作进取的人文环境

优化学校人际关系，创设一个宽松和谐、协作进取的良好人文环境是非理性管理的另一个重要方面。

在学校，无论是教师的教学、科研，还是学生的学习，都是一种纯智力活动，只有在宽松和谐的环境下，才能最大限度地发挥积极性和创造性。因此，构建每个人都能得到主动发展的人文环境是激发教职工的工作积极性和学生的学习积极性的有效措施。创设良好的人文环境，特别是建立融洽的人际关系是学校管理者的重要任务。

学校人际关系是学校人与人之间在工作关系的基础上，由个体个性的调节，并伴随情感状态而建立起来的一种心理关系。它的好坏不仅影响着教师之间的交往效果和心理满意度，而且影响学校集体的巩固和组织效能的发挥。良好的教师人际关系是建设教师理想工作环境的重要条件，它不仅有助于教师群体对学校教育目标和工作任务的认同，而且有助于教师产生归属感和荣誉感，以及教师之间有效的人际沟通。

优化学校人际关系，管理者必须做好以下两个方面的工作。首先，管理者要注意提高自身的人际吸引力。人际吸引力是影响人际关系的最直接、最现实的心理因素，它关系到人际心理距离的远近，所以学校管理者要有意识地缩短与教师的"角色距离"，减少"位差"，多以普通一员的身份与教师进行感情的双向交流。时刻不忘自己是教师，经常深入教室听课，与教师一起研究课堂教学，探讨提高课堂教学质量的途径。经常到办公室走走，谈谈工作，聊聊家常，增进彼此之间的了解，以取得教师的心理认同。当然，学校管理者要加强自身修养，提高人文素养，使自己学有所长、宽宏大量，以自身的人格魅力博得教职工的好感和钦佩。

其次，要改善学校里的人际沟通状况，形成畅所欲言、言者无过、闻者为戒的宽松和谐的氛围。人际沟通是人与人之间传达思想、观点，交流感情，交换信息的过程，它是人际关系维持和发展的基本手段。学校里人际沟通有两条渠道：一是正式的组织渠道，如教职工大会、教代会、党团、教研和文体等活动。这种沟通必须坚持正确导向，弘扬正气，培育人文精神，以达到统一思想认识、消除心理障碍、净化心灵、端正言行的目的。二是非正式渠道，如教职工之间的个人交往、朋友聚会、信息传播等。这种沟通带有情境性和情绪性，更能反映和暴露教师的真实思想和动机，是学校管理者获得信息的重要渠道。

总之，学校管理者在人际沟通中，要及时接受和传送信息，创设融洽的干群关系，形成共同参与管理的氛围。

三、管理者须先"修身"

非理性管理的运用要求学校管理者提高自身人文素养，通过高尚完美的人格力量来影响和领导广大师生，而不是单纯靠权力。古人云："其身正，不令而行；其身不正，虽令不从。"为此，我们要求学校各级管理人员必须提高自身文化素养，以德修身，强化非权力因素的影响，淡化权力因素的影响。真正以师生员工为中心，把师生员工看作学校一切活动、一切关系的主体、动力和目的，激发他们的主人翁意识，达到非理性管理的理想境界。

增强管理者的人文素养，提高自身素质，必须做到以下四点：一是加强学习，提高政治理论水平。当前，特别要认真学习二十大精神，领会精神实质，把握科学体系。在学校管理中，贯彻习近平新时代中国特色社会主义思想，把人文精神落实到学校管理的各个方面，坚持执政为民、情为民所系、权为民所用，提高管理水平。

二是增强人文素养，提高道德水准。古人云，"德服为上，才服为中，力服为下"。而德服的重心在于管理者的人品。管理者要加强人文素养，做到道德高尚、胸襟开阔、表里如一、爱憎分明。道德高尚，就是要管理者身体力行共产主义道德原则和师德规范，优化道德意识和行为，以德感人。胸襟开阔，就是做到与人相处要有一种大气、一种风度，能够设身处地、甘为人梯、以德报怨、顾全大局。表里如一，就是要做到对上对下一致，人前人后一样，言论与行动统一。爱憎分明，就是要做到对歪风邪气疾恶如仇，对同志亲如兄弟，有真挚而深厚的情感，真心实意地关心教职工的疾苦。只有这样，才能产生强大的人格力量。

三是廉洁自律，率先垂范。对于管理者来说"身教重于言教"，要求教职工做到的，自己应该首先做到。思想作风上要做到立身清正、公道正派；工作上要有所创新、有所贡献、有所突破；生活上要清正廉洁、一尘不染。力求在很多方面为教职工做出表率，真正成为"教师的教师"。

四是脚踏实地，努力工作。学校的各项工作讲求一个"实"字，讲话说理实实在在，待人接物真情实感，工作办事踏踏实实，对己对人老老实实。

非理性管理对管理者与被管理者的要求都比较高，须要有较高的人文素养，且善于进行情感交流；非理性管理需要一个良好的人文环境，管理者与被管理者的价值取向应该基本一致。我们在实践中认识到，非理性管理目标的真正实现，需要大力弘扬人文精神，也必须借助于理性管理的一些手段。

现代学校管理发展的基本趋势应该是理性管理和非理性管理的有机结合。为此，营造"规范加情感"的管理文化，建设以人文精神为核心的校园文化，是我们学校所追求的教育目标之一。

让"多元治理"理论为学校教学改革注入活力

和平里四小是东城区美育特色学校。多年以来，学校以美育为突破口，在先进的教育理论指导下，以科研兴校为学校的发展规划目标之一，让教育科研为学校教育教学改革定向导航，推进素质教育改革工程，适应21世纪课改的时代需求，全面提高学校的整体办学水平，保持学校的可持续性发展。

在"八五"及"九五"期间，我校课题研究"漫画进课堂"和"遵循儿童心理认知规律，进行小学作文教学的研究与实验"分别获得了北京市基础教育教学科研成果二等奖和东城区首届教育教学科研成果三等奖。学校在"科研兴校"的战略思想指导下，扎扎实实地稳步推进教育教学改革，取得了一定的成果。

在"十五"期间，尤其是面对21世纪的课程改革实验，在新的教育教学理念和学校发展观念下，多年来的教育科研使我们充分认识到，只有用先进的教育思想、教育理论指导工作，坚持改革与创新，找出一条有利于提高教育质量、培养新世纪人才的科学方法，才能促进学校的进一步发展。

一、"多元智能"理论为学校可持续发展定向导航

有位哲人说，任何一种理论，它的价值和生命就体现在它能对实践有指导意义。

2001年，学校参加了由北京教育学院梅汝莉教授为课题组长的"运用多元智能理论，开发学生潜能"的国家级课题研究。通过不断地学习与实践，我校教师对这个理论的认识达成了共识。

"多元智能"理论指出："每个孩子都是一个潜在的天才儿童，只是经常

表现为不同的方式。教育的最终目的在于发展个人天赋的内在力量，使其经过锻炼，能尽其才，能在社会上赢得他应有的地位。"这个理论不正是我们在素质教育中提出的"一切教育应着眼于学生的发展"的观点吗？这无疑坚定了我们以这个理论为依据，坚持教育改革与实践的决心。

"多元智能"理论新型的学生观为我们进行课改实验、为学校教育教学改革定向导航，也为我们的课堂教学改革开辟了广阔的途径，更为学校的发展注入了活力。

二、科研课题实践研究，促进师生发展和学校发展

新课程改革要求将学生的发展作为课程的总目标，要求教师成为课程的开发者和创新者。在"多元智能"这个现代教育理论的指导下，我校进行了以"建构发展学生潜能的课堂教学环境"为课题的实践研究。教师从构成人的多种智能科学体系去观察、认识学生，为学生全面、主动、多样化的个性发展创造了宽松的学习和生长环境，改变了过去课堂以学科、教材、教师为中心的局面，实现了教师在课堂教学中综合知识、注重生活体验和实践，学生主动提出问题，探究、合作学习的生动学习景象，从而使得学校、班级、教师和学生都发生了很大的变化。

（一）关注学生的多元发展

学校的目的不应该是单一的传授知识，而应该是最大限度地促进学生的发展。学校应该成为学生发现自己潜能的地方，成为学生获得最大帮助的地方。因此，我们的研究不是简单地提高学生的学习成绩，而是以课程标准中的三维目标去考查学生的进步。我们营造的多元学习环境和实施的综合活动课程，深深地吸引着孩子们，他们从单调、枯燥的被动学习中解放出来，焕发出"我也试一试"的学习热情。

例如以"春天"为主题的综合课，二、三年级两个班的学生共记自然日记 76 本，制作自然历 6 篇，种植白菜头 15 个，饲养小动物 5 种，收集和学习描写春天的字词累计 3000 个，自创短文 100 多篇，自编应用题 120 多道，创作儿童画 60 多幅。

再如以"玩具里的学问"为主题的综合课，两个实验班的学生进入玩具市场调查后，写调查报告和调查记录160多篇（许多学生还拍摄了录像和照片），收集了各类玩具500多件。设计玩具统计图表17个，提出有关玩具的问题100多个。作文和自编童话故事160多篇，设计产品介绍卡、绘制产品广告60多幅，拆卸各类玩具60多种，总结归纳出玩具制作原理8种。自制音乐玩具20多件，自编乐曲50多首。小组合作设计制作玩具和科技小制作40多个，围绕着学习和生活中的问题和困难出点子30多个。

更有学生在知识的扩展和延伸中成为佼佼者，有近20人在参加市、区及社区举办的美术、科技、钢琴、摄影、小制作等各类比赛中获奖。更可贵的是这些学生对生活充满信心，对人热情大方，会正确地认识、评价自己。我们在召开教育成果现场会时，孩子们作为主人与来宾侃侃而谈，彬彬有礼的举止，受到与会嘉宾的普遍赞扬。

（二）关心教师的自身发展

学生的发展并不意味着必须牺牲教师的发展。过去，我们将教师比作蜡烛，照亮别人，牺牲自己。这种精神是可贵的，但是如果只是蜡烛，不去不断地丰富和发展自己，没有一种主体的、个性化的、幸福的人生和精神状态，教师何以能不断地照亮学生？因此，我们不仅要关注学生的成长与发展，也要关心教师的成长与发展。因为只有教师真正地发展了，学生才能得到真正的发展。

1. 导向机制

上级部门及专家对学校科研工作做指引，确保了科研对教学的导航作用。学校聘请了市、区教科研专家来校做专题讲座。比如，学校借鉴多元智能理论，进行小学生主题综合课的实践研究时，请梅汝莉教授、武芳辉教授来校做专题讲座。通过培训，教师们对教育的"整体性"和知识的"完整性"有了清晰的认识。教师不但观察和认识学生的角度变了，而且更注重培养学生可持续发展的后力，随之课程观也发生了很大变化。教师借鉴多元智能理论，树立起尊重个体差异、尊重每一个体发展的思想，敢于挑战传统，形成了新的有时代特色的课程设计思路。教师"为多元智力而教"，在进行课程设计时，摒弃原来只围绕语文和数学（单一智能开发）而设计的惯有思路，充分认识到不同学生的不同智力特点，使每一个学生的智力强项得到充分发展，并从每一个学生的智力强项出发，促进学生其他各种智力的发展。

2. 保障机制

学校遵循"培养教师很重要，校长重视最重要"的宗旨，校长亲自全面参与学校各项教科研活动，在经济上、时间上确保教科研的正常工作。在研究教育教学工作中先说教育科研，安排工作中先讲教育科研，检查工作时先看教育科研，质量评估时先查教育科研。

3. 竞争机制

为使教育科研快速发展，我们创设条件，开展活动，利用教研活动互相交流科研的进展与实施过程。每学期进行一次全校性优秀论文评选，召开一次现场会和经验交流会。这些活动作为教师施展才华的舞台，有力地确保了科研工作的顺利开展。

2002—2004年，老师们做课题研究课近百节，自编"我与环境""春天""玩具里的学问"等校本课程30多节，撰写论文和教学案例40多篇，其中部分论文在《北京教育》《北京教育教学研究》《少年儿童研究》《现代教育报》《北京少年报》等多家报刊发表。

4. 激励机制

学校每年对科研成果突出的教师进行奖励，定期总结评先，给以"四优先"（职称、调资、提拔、评优四种优先）的待遇。一批批青年教师在科研中成长起来。

2002—2004年，学校有两名年轻教师被破格晋升为小中高，20余名教师获市、区、校"优秀骨干教师"称号。在参与科研实践中，教师们的思想成熟了，思考问题更理性了。最可贵的是，他们有了成功的体验，充满了自信与活力。

（三）促进了学校的可持续性发展

以"建构发展学生潜能的课堂教学环境"为课题的实践研究，促进了学校教育的进一步发展。如今学校到处是学生参与学习和活动的场所，校园的各个角落成为孩子们自由发展个性特长的乐土。文艺、体育、美术、科技、计算机等特长生大批涌现,参加全国、市、区各类比赛频频获奖。学校更是成为市先进体育甲级校、科技示范校、美育特色学校。2002年11月,东城区教委在学校召开美育工作现场会,展示了学校的环境和艺术活动特色。国际、全国及市、区教育界的领导、专家和教师先后有200多人到校参观访问。学校编辑了《为了孩子们的健康成长》教师论文集和学生作品集。"开发学生潜能,塑造健全人格——DIC国际合作项目"北京理论组在学校召开了3次综合课程开发与实践现场研讨会。2002年8月,校课题组参加了"多元智能开发与评价的研究"国际研讨会,8位教师分别在大会4个专题组上发言,并获得优秀论文奖。与会的美国、加拿大、中国台湾教育专家,联合国教科文组织协会世纪联合会荣誉主席陶西平,国际心理科学联盟副主席张厚粲等国内外专家和教育同行100多人,由区教委主要领导陪同到学校参加了课题教育成果展示汇报,对学校的研究成果给予了较高的评价。

主题综合课的实施所引起的学生在学习情感和态度上的变化,还得到了学生家长对多元智能理论的理解和对课程改革的支持。家长的教育理念也在不断地转变,学校、家庭和社会三体合一的教育局面的形成提高了学校在社会上的知名度。

在先进的教育教学理论的正确指导下,让教育科研为学校发展定向导航,开发一切教育资源,学校将永葆活力与生机。

(本文撰写于2004年)

家校协同,助力学生健康成长

古人云:"人生至乐,无如读书;至要,无如教子。"在我们几千年的传统文化中,父母都有望子成龙、望女成凤的情结。数年前,社科院曾发布《社会心态蓝皮书》,列举了中国人9种生活动力。其中,"望子成龙"排在首位。近年来,社会上出现了一个有趣的现象,中国家长一下子有了很多与动物有关的代号:"虎妈""猫妈""狼爸""羊爸"……一时间成为家庭教育的流行热词，其背后也折射出家长们希望孩子在学习和事业上出类拔萃、出人头地的期盼心态。曾经有一段视频在网上被竞相转发：小熊要爬很陡峭的雪山去跟上妈妈，虽然一次次失败滑下山坡，却仍一次次奋力尝试，最终成功登顶。在我们纷纷为那个在冰山雪岭、绝壁险峰上顽强拼搏的小身影点赞时，是否能想到，那位在山顶上按捺焦虑、舍得放手、耐心等待、启发引导的熊妈妈才是小熊奋力向上的关键，更值得我们学习。正是她的陪伴、引领、支持和放手，让小熊感受到自信、体贴、依靠和鼓励，才激励了小熊放手一搏、永不言弃、愈挫愈勇的意志和作风。这段视频让笔者想起法国思想家卢梭在其名著《爱弥儿》中提出的观点：最好的教育就是看不到教育的发生，却实实在在地影响孩子的心灵，帮助他们发挥潜能。

家庭、学校是孩子健康成长的两大环境。家庭教育是孩子健康成长的基础，学校教育是孩子走向成功的保障。作为教育者，教师和家长有共同的责任——以身作则、言传身教。我们要全面学习教育知识，系统地掌握教育科学理念和方法，自觉地用正确思想、正确方法、正确行动教育引导孩子；不断地更新教育观念，坚持立德树人导向，以科学的育儿观、成人观、成才观引导孩子逐渐形成正确的世界观、人生观、价值观；不断地提高自身素质，以身作则，时时处处给孩子做榜样，以自身健康的思想、良好的品行影响和帮助孩子养成好思想、好品格、好习惯。做到用教师、家长们的"好好学习"，激励孩子们的"天天向上"。

有句话说，父母是孩子的第一任教师。孩子从一出生下来，就和父母在一起，孩子在语言文字的学习、心理思想态度和行为习惯的养成上都受到父母的熏陶和感染，父母对孩子的影响作用是非常大的。家庭教育对孩子的影响和作用，是学校教育所不能代替的。在人才培养的系统工程中，家庭教育是基础工程，家庭教育的好坏将直接关系到民族的兴旺、祖国的富强，因此，做好家庭教育对学生健康成长具有极其重要的意义。家长应该学习相应的家庭教育知识，从而在对孩子的教育过程中，发挥积极的、正确的作用。

一、充分调动小学生家长的教育主动性，实现家校合作

要实现家校共育，教师就要与家长经常沟通，交流教育观念及对孩子教育问题方面的认识，相互切磋，以达共识，商讨教育对策。在孩子的成长过程中，家庭要积极参与学校教育，配合学校开展工作，共同使孩子达到最佳的教育目标，以利于孩子的健康成长。

（一）家长应为孩子成长创设良好的条件

家长应为孩子成长创设良好的物质条件和精神条件。家庭生活环境应当清洁整齐，每一样物品应有其固定的位置，注意培养孩子用完东西放回原处的良好习惯。在家庭生活中要让孩子承担一些力所能及的劳动，例如，摆放碗筷桌椅、扫地、帮父母取放东西等，这样可以培养孩子养成讲卫生、有条理、负责任的生活行为习惯。在家庭中，家长还要建立和谐愉快的家庭氛围，建立尊老爱幼、夫妻互敬互助的良好伦理关系。如果父母之间感情淡漠，经常为一些生活中的琐事争吵、打架，势必会给孩子在心灵上留下阴影，造成心理伤害，影响孩子的健康成长。因此，家长要不断地学习思考，充实自己的科学育儿知识，灵活运用不同的教育方法，促进孩子的健康发展。

（二）在日常生活中全面了解孩子，关心孩子

在家庭生活中，家长对待孩子要合理地掌握"爱"和"严"的分寸，既要尊重孩子的人格，耐心听取孩子的合理建议，满足孩子的正当要求，也要抵制孩子的不合理要求，耐心说服，绝不能姑息迁就。

（三）家长以身作则，时刻做孩子的榜样

古人云："其身正，不令而行；其身不正，虽令不从。"家长只有严格要求自己，才能掌握教育的主动权，才能有良好的教育效果。如果要求孩子做到的，家长自己并不能做到，久而久之家长就会失去威信。家庭教育对子女的影响最关键的一条就是，家长要从根本上加强自身的修养，用自己的人格去感染孩子。家长是孩子的榜样！

二、家庭教育要重点做好的工作

（一）抓好个性教育，培养良好的品德

个性是决定一个人一生成功与否的关键，品德是决定一个人一生处世的基石，所以家庭教育要把抓好孩子的个性教育，培养孩子的良好品德放在首位。一是要抓好早期教育，二是要抓好长期教育，三是要抓好行为教育。对孩子的个性和品德教育最忌热一阵、冷一阵，更忌放手不管、任其自然。在不同的年龄阶段，孩子的行为特征也有规律可循，作为家长应根据孩子不同时期的行为特征做好潜移默化的教育，以养成良好的品德。

（二）抓好成功教育，培养孩子的远大理想

理想是人生的支柱，没有理想的人生是碌碌无为的人生。帮助、引导孩子树立远大理想是家长的又一重大责任。理想应该与孩子的成长同步，建立在孩子成长的基础之上。也就是说，孩子的终极理想是孩子发展过程之中一个近期理想的提高和拓展。在实践中，有的家长过于重视远期理想的期盼，而忽视了近期理想的实践，最终导致终极理想的落空。另外，家长还要根据孩子成长发展的现状，不失时机地调整、修正近期理想，以期达成终极理想的实现。

（三）抓好学习习惯教育，培养孩子学习能力

作为家长，都希望自己的孩子会读书，将来成为对国家有用的人才，可是有部分家长却忽视了抓好孩子的学习习惯的教育。首先要培养孩子爱读书的兴趣。有不少的孩子并不是天赋差，而是缺少一份爱读书的兴趣。其次要培养孩子会读书。也就是说，作为家长，要配合学校、教师根据孩子自身的特点，帮助孩子建立一套科学、有效的读书方法。孩子只要有了"一套适合自己的方法"，读起书来就会轻松愉快，而且能自然地把书读好。最后，作为家长还要善于发现孩子的特长，并培养其特长，让其特长得到充分的发展，最终形成工作中的专长。

（四）抓好实践教育，培养孩子的创新能力

现代社会发展迅猛，科学技术日新月异。正是这一时代特征，要求家长转变传统的教育思想，培养有实践能力、创新能力的孩子。首先是培养孩子的动手能力，因为实践能力是建立在动手能力的基础之上，没有动手能力就无法实行实践能力的培养。其次是培养孩子善于思考问题的能力，尤其是要培养孩子反思的能力，使孩子形成信书但又不安于书本的思维方式，遇事多问几个"为什么"。当孩子"善思""反思""敢于挑战"时，孩子的创新能力就会在学习中生根开花，也许还会取得惊喜的收获。

（五）抓好挫折教育，培养孩子明理践行能力

孩子的成长是一个复杂的发展过程。在这一过程中，孩子的"明理"是在不断判定中逐步成熟的，孩子的"践行"也是在不断实践中提高的。那么家长就要责无旁贷地做好指导。比如孩子任性、待人不礼貌、贪玩等，作为家长就得进行教育，并监督孩子改掉这些"毛病"。

第三章　以美育美　深化德育一体化教育

以美育德，促进学生身心和谐发展

著名教育家苏霍姆林斯基说过："美是一种心灵的体操，它使我们精神正直、良心纯洁，情感和信念端正。"美育是陶冶情操，培养人的品格和修养，提高人的思想道德水准的有效途径。

在教育实践中，我们体会到抓住了美育，就会给各项工作带来丰富的情感，增添无限的活力。我们把德育和美育紧密地结合在一起，对学生进行思想品德教育时，晓之以理，动之以情，运用各种艺术形式去打动学生的心扉，引导他们树立正确的审美观，逐渐养成高尚的品德，树立热爱祖国的情感和坚强的民族自信心。例如，在学校升旗仪式上，我们请国旗护卫班的解放军战士为全校学生讲解国旗的历史，利用旗前讲话时间，发动党员、团员给学生讲革命先烈的斗争事迹，人与人之间互相谦让、互相尊重的美德。

我们深知：教育是爱的事业，是用生命影响生命、用心灵贴近心灵的事业。教育的目的是扶植，而不是改造。我们说以美育德、使学生身心和谐发展，就是要用美丽去呼唤爱心，以爱心来唤醒生命，以生命来打造品质，以品质来树立人格，以人格来感动世界，服务并回报社会。

在贯彻落实《北京市中小学生礼仪常规》和《北京市小学生日常行为规范》活动中，我们大力提倡学生做助人为乐"心灵美"、尊重师长"语言美"、遵守纪律"行为美"、热爱劳动"环境美"的高素质的文明小学生。

我们还感受到社会生活之美是净化学生心灵的生动教材。我们组织学生到敬老院看望生活在那里的爷爷奶奶们，为他们送上自己制作的精美的小礼品，表演自编的文艺节目，使学生体验到助人的快乐；设立"爱心基金会"，学生把自己的零用钱捐献出来，帮助身患重病或偏远山区学习有困难的小伙伴。孩子们善良的童心在爱的活动中，在体会社会生活美的实践中，被雕琢得更加纯真与完美。

构建德育一体化，实施"三全育人"策略

我们落实立德树人的根本任务，育德于心、成德于行，使之渗透到学校教育教学的各个方面。我们的目标就是要让美的教育真实发生，让美的教育看得见、落得实、扎得深，从而打造出具有美育特色的教育生态。

一、德育一体化战略

（一）从青少年成长的客观规律看德育一体化的战略化安排

全面贯彻执行党和国家的教育方针，更好地发挥学校育人功能，保证教师队伍的育德能力不断提升，保证教学质量的螺旋上升发展，保证教育教学的优质增效，提升学校的整体占位，唯有通过开展一体化的德育实践研究方能达成。

小学作为德育一体化的基础阶段，要有理性的自觉，要用发展的眼光、务实的做法，尊重德育的多样性、多阶段性、多生成性的特点，以德育为抓手，坚持五育融合创新，各育并举、整体育人；要以培养学生良好思想品德和健全人格为根本，以促进学生形成良好行为习惯为重点，以落实《中小学生守则》为抓手，坚持教育的纵向协调，坚持学校教育与家庭教育、社会教育的横向协同，坚持德智体美劳五育并举，不断地完善德育工作长效机制，全面提高德育工作水平。

（二）延伸德育时空，力推学生健康发展的共同体

1. 加强组织保障，党团队工作一体化

为加强党组织对德育一体化工作的全面领导，和平里四小成立了以书

记、校长为组长的"德育一体化体系"建设工作领导小组，领导团支部、少先队开展活动，定期研究德育工作，推进德育一体化体系工作建设及有效实施，加大顶层设计与整体规划。

2. 构建德育一体化系统，形成立体育人模式

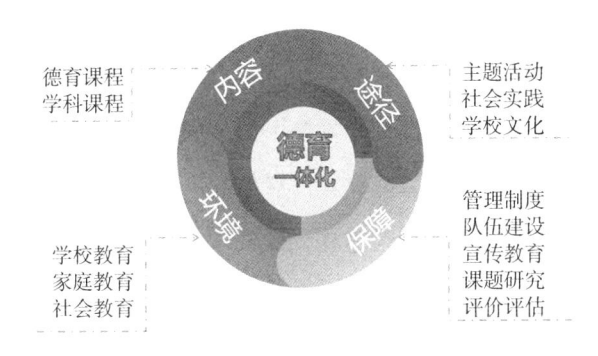

(1) 课程内容

学校在上好德育课程的同时，力求打造多元的德育校本课程，传承优秀传统文化。我们充分发挥课堂教学的主渠道作用，统筹安排国家、地方和校本课程，在学科中渗透德育。

为按照义务教育课程标准上好道德与法治课，我们遵循学生身心发展规律，根据学生年龄特点，开发"校园日常礼仪三字经"课程，根据不同年级段学生需要了解的文明礼仪内容，把学生进校后各方面要遵守的要求编写成儿歌，变说教为趣味，朗朗上口，潜移默化。

为加强学科间的相互关联，关注学科内的德育渗透点，我们设立了跨学科主题学习课程。例如，"中华优秀传统文化"课程包含皮影制作、内画壶的绘制、面塑艺术、剪纸艺术、昆曲艺术、中医药、茶艺等，增强了学生的民族自豪感，树立了学生的文化自信；"体育健康"课程开设高尔夫课、网球课、冰雪项目课等，学校在2019年还被评为"北京市冰雪特色学校"；"志愿者"课程邀请有特长的家长走进课堂授课，用自身专业特长，为学生讲授传统文化、航天科技、社会安全等涉及多领域的知识。

(2) 传播途径

首先，以美育为抓手，开展德育活动，创设良好的育人氛围。我们设立

的活动包括：第一，红色教育活动。学校开展了"重走长征路　启航新征程"主题实践活动，在集体诵读红色经典史诗《长征组歌》的过程中，学生深刻体悟到彼时的艰难与信仰的坚定。以"颗颗红心向着党　百年礼赞庆华诞"为主题，学校党支部、团支部联合少先队，共同开展庆祝建党百年的主题活动，回顾建党百年历史，体悟当年的先锋精神与当下的传承要务。结合"5·18国际博物馆日"，学校面向学生开展了特色的党史主题教育活动。以班级为单位，教师带领学生探究博物馆中记录的革命历史，讲述英雄和烈士的故事，诵读党史文献史料，阅读宣传展板，观看党史纪录影片。将革命博物馆中的真实历史史料作为党史学习、精神传承、提高素质的生动教材，塑造生动的教育氛围，吸引学生主动积极地关注党史、学习党史，促进学生对党的精神的理解、认同与传承。

第二，"党建＋美育"主题教育活动。"党建＋美育"始终是我校坚持的教育宗旨，努力实现党建与美育、思政与教学的融合，结合党史学习与美学熏陶，寓教于乐。例如已持续举办六届的书画艺术节，2021年的书画节以"童心向党庆华诞　少年筑梦新征程"为主题，强调建党百年的历史足迹。学生们用画笔描绘出自己心目中的英雄榜样、国家发展的蓝图。这些创作贴在楼道展示墙上面向全校师生展览，在搭建"党建＋美育"教育浸润空间的同时，激发学生的创作热情，提高学生对党史学习的兴趣。

第三，六节联动全过程育人活动。学校六节联动，让学生的能力得到彰显，为学生的全面发展打下美的底色。六节分别为读书节（世界读书日启动）、合唱节（红五月歌咏比赛）、科技节（金鹏科技团队引领）、体育节（全校运动会）、音乐节（新年音乐会）、书画节（金帆书画院）。

其次，学科联动，挖掘德育渗透点，在实践活动中育人。我们设立的活动包括：第一，多学科整合主题活动"自行车里的学问"。围绕这一学习主题，将语文、数学、科学、美术、信息技术等多门学科整合起来，引导学生关注现实生活中的常见现象，探索其中的原理或概念。课内学习得以延展，育人效果显著。

第二，数学教师整合学科知识脉络，打通知识体系，以"对称的美"和

"邮票中的学问"为切入点，不仅展示出了数学中的和谐之美，更让人感受到了中华传统文化的魅力，使美育的种子在学生心中生根发芽。

第三，语文教师以中国姓氏、汉字、古诗词及诗歌为切入点，进行主题活动课程设计。他们结合统编教材特点，挖掘教材资源，充分发挥中华优秀传统文化蕴含的宝贵的育人价值，把学生带进了多样的语文综合性学习的文化之旅。

第四，英语教师分享了"粽情端午"的综合实践活动。学生在进行语言学习的同时了解节日的起源，体验有趣的节日习俗活动，感受中国传统节日的魅力，加深对节日文化的理解。

第五，多个学科的老师积极行动起来，设计了丰富多彩的主题活动，如"垃圾分一分　生活美十分""一亿粒米有多重"，从生活入手，引导学生进一步规范垃圾分类的行为，调查浪费粮食的现象，感受节约粮食、参与"光盘"行动的重要意义。

第六，探秘故宫系列活动让学生感受深厚的历史文化积淀，寻访中华上下五千年文明足迹。"盛世屋顶""窗棂设计""紫禁城的地下秘密"等主题活动打开了历史文化的大门，使学生身临其境，感叹古人的聪明智慧、高超技巧，并学会感受美，欣赏美，创造美！

最后，让养成教育、劳动教育在点滴中渗透，在细节中见成长，倡导学生做自觉自律的最美学生。习惯的培养，首先是要让学生明理，教师把"理"讲到位；其次是训练到位；再次是检查督促到位。

（3）育人环境

针对当前"双减"工作的新形势、新要求，学校结合东城区"双升"（即东城区教育综合质量和队伍质量双提升计划）工作部署，充分发挥家长、教师、社会在"学校教育、家庭教育、社会教育三结合"中的推动作用，形成一体化育人共同体，构建各年段纵向衔接，社会与学校、家庭横向协同的新时代德育一体化格局。我们借助"北京市家校社协同育人实践研究示范区"的区位优势，发挥家庭教师指导服务培训分中心的作用，以三批东城区家庭教育服务指导培训师的种子功能，逐步引导家长注重家庭、注重家教、注重家风，营造积极向上的良好社会氛围。同时，我们也借助学校法治校长的资源，开展网络课程的学习和推广，形成协同育人的模式。

（4）保障措施

第一，制定相关的制度。《班主任交流、例会制度》《日常行为规范评比制度》《班会评比制度》《少先队活动课评比制度》《在学科中渗透德育》等制度的制定，为全体教师履行职责提供了依据和保障。

第二，开展德育学习活动。学校认真开展二十大精神的学习、师德师风专项学习活动等，提高教师职业道德素质，为全体学生起到示范作用。同时，深入学习《中小学德育工作指南》，形成全员育人、全程育人、全方位育人的德育工作格局。

第三，为学生创造交流的机会。如学校主题活动、数字德育网、校园电视台、红领巾广播站、升旗仪式、校园文化墙、校园电子屏、班级壁报等多种形式，让学生有了学习交流、展示汇报的平台。

第四，积极参加国家级、市区级课题研究。如"构建德育一体化 实施三全育人策略的研究""利用综合实践活动课程落实劳动教育的研究和实施"等，为学校未来德育一体化发展提供了方向引领。

第五，加强对教师的评价。每年由学生、家长通过网络投票选出自己喜爱的好老师（班主任），成为"紫禁杯"优秀班主任评选的后备力量。

二、"三全育人"策略

"三全育人"即全员育人、全程育人、全方位育人。学校以习近平新时代中国特色社会主义思想为指导，紧紧围绕"立德树人"根本任务，扎实深入开展，构建以"美育"为载体，践行大美育观的德育工作体系。以美育为核心，构建德育一体化建设，形成课程育人、科研育人、实践育人、文化育人、管理育人、心理育人，将"以美养德、以美启智、以美健体、以美陶情、以美促劳"教育原则渗透到学校教育教学的各个方面，形成鲜明的教育特色。

（一）课程育人

学校充分发挥课堂教学的主渠道作用，统筹安排国家课程、校本课程、实践活动课程，多角度、多渠道对学生进行德育渗透。

一是按照义务教育课程标准，上好道德与法治课的同时与多学科联动开展实践活动。道德与法治课的知识内容接地气，可与儿童的经验成长相结合在劳动课、科学课、美术课等多学科中进行实践，满足学生生活需求，形成成长经验，让学生对自身、对伙伴、对他人、对社区、对国家有更深的认识。

二是打造多元的德育校本课程。学校的德育校本课程包括：

海洋课程：学校是全国海洋科普教育基地，国家海洋局的专家们多次莅临学校教授海洋课程，通过线上线下互动等多种形式普及海洋知识，提升海疆意识。

环保课程：聘请"北京榜样"东城环卫垃圾分类活动代言人李萌为校外辅导员，讲解垃圾分类，营造绿色环保的居住环境；请爱鸟会的热心人士为学生讲解野生动物救助知识，增强生态环境保护意识。

法治课程：聘请东城区检察院检察官谭珍珠为学校法治校长，为学生带来法治课程。

还有"校园日常礼仪三字经"课程、"中华优秀传统文化"课程等。

（二）科研育人

为了发挥科研育人的功能，学校申请了多项课题研究，如"品园学艺强体健心""利用综合实践活动课程落实劳动教育的研究和实施""道德与法治课程创新课堂教学方式的实践研究"等。在浓厚的教育科研场域引领下，教师在积极向上、团结和谐的氛围中带领学生探索实践研究，创新思维发展，实现了教师、学生的共同成长。

（三）实践育人

学校坚持理论教育与实践养成相结合，始终坚持"全面覆盖、分层培养、协同推进、强化实践"的工作理念，不断完善"课程育人—品牌活动—综合实践"三位一体的实践教学工作体系，推动课程教学、社会实践活动、志愿服务等载体有机融合。

（四）文化育人

学校加强培育和践行社会主义核心价值观的建设，广泛开展社会主义核心价值观的主题教育活动，如党员教师旗前讲话、我讲育人故事、微党课、少先队红领巾广播站等。利用网络文化资源创新文化载体，如"小美云"课堂推出的丰富多彩的育人课程——环保教育、防疫宣传、卫生保健……借助北京市教育学会微格教学展示活动搭设的平台，各学段、各学科教师录制百余节优质微格课，通过网络传递给家长、学生及各位教育同人，让更多的人受益。

（五）管理育人

学校以美育为途径，通过家校社协同，共建育人机制。开办家长学校、家长沙龙，召开家长会、家长座谈会，开展线上线下相结合的家访活动，不断加强与家长的沟通。学校开设了"两室一坊"——班主任工作室、融合教育工作室、父母效能工作坊，进行积极的实践探索。制定班主任培训制度，形成全体班主任培训、年级组班主任工作研讨、青年班主任沙龙、新入职班主任交流等多种培训模式，提供切合实际工作需求的培训内容。

（六）心理育人

家庭教育是基础，学校教育是中坚，社会教育是延续和补充。人才培养离不开学校、家庭、社会的协同发力。和平里四小是"东城区家庭教育服务指导中心"和平里学区分中心，在此基础上成立了家校社共育咨询室，这一平台的搭建为我们的工作提供了有利的条件和更高的站位。学校联合中国农业大学心理素质教育中心主任施钢教授，有效开展家校共育心理自选活动，开发心理课程，利用区级平台，通过科学的数据分析掌握学生的一手资料，预防心理突发事件的发生，提高应对突发事件的有效解决能力。在新冠疫情突发时期，学校陆续推出了多节心理辅导课程，为家长、学生提供帮助，并联系施钢教授为集中隔离学生和家长召开线上心理讲座，进行心理疏导。学校还陆续推出了"疫"路相伴施教授为您来解惑、"疫"路相伴听孙教授谈沟通、我的情绪小怪兽、情绪魔法等多方资源的系列心理课程。

加强德育队伍建设，有效指导德育工作

德育是学校教育的重要组成部分，是素质教育的核心。学校要以德育人、立德树人，就必须建立一支师德高尚的高素质的教师管理队伍以及起模范带头作用的学生干部队伍，保证德育工作的有效落实。和平里四小在推进德育工作的过程中，着力从班主任培训等方面来打造高素质的德育队伍，以提高学校的德育工作水平。

在学校教师群体中，班主任工作辛苦、责任重大、压力较重。他们是学生健康成长的引领者，是学生思想道德教育的骨干，是学校和家长沟通的桥梁，是实施素质教育的重要力量。班主任的素质和工作效果直接影响到学校的教育质量，影响到学生的健康成长。

为了加强班主任工作的力度，弘扬学校班主任工作中的典型事迹，给班主任创造更多交流展示的平台，使班级管理工作上一个新的台阶，资源带开展每月一次一主题的班主任沙龙活动，营造一个有利于班主任碰撞、学习、实践、反思、研究的环境。

每次活动都有不同的主题。例如，第一次沙龙活动的主题是"我的地盘我做主——班级文化建设的思考"，引领大家就班级文化建设的一些问题与现象进行深入分析与思考；强调教育实施的过程就是给人生注入文化的过程，要用美的眼光发展学校教育，建设具有理性之美的理念文化、饱含发展之美的课程文化、洋溢着人性之美的课堂文化、激荡着仁爱之美的教师文化、汇聚创造之美的活动文化、散发着生命之美的评价文化、充满着灵性之美的环境文化、沉淀着灵魂之美的价值文化。

同时，资源带以培育和践行社会主义核心价值观为指引，以丰富多彩的活动和德育课程为载体，不断提升资源带德育工作的实效。积极开展班主任及全体教师培训；加强班主任队伍建设，促进教师成长。依托班主任工作室，组织开展专题培训，关注班主任日常工作中的热点、难点问题。依托心理健康教育工作室，加强班主任对学生的心理辅导，关注学生的心理健康，

培养健康人格。做好少先队活动课培训，不断推进少先队活动课的开展。结合区教委"紫禁杯"优秀班主任及"我喜爱的班主任"评选，树立优秀班主任典范，引导广大教师学习先进，牢固树立爱岗敬业、无私奉献的理念。

资源带结合工作实际，采取多种方式，做好班主任的培训工作。同时，还要求班主任加强自身学习和研究，注重分析学生情况和总结经验，不断创新工作方式，抓好班集体的建设和学生的教育工作。

养廉树德，依法办学，落实党风廉政建设

一、多种措施并举，抓好党风廉政建设工作

在党风廉政建设及风险防范管理工作中，资源带采取多种措施抓好这项工作，做到防微杜渐、防患于未然。主要做法有：一是建立健全组织机构，成立廉政风险防范管理工作领导小组，负责廉政风险防范管理工作的组织、协调和实施。二是明确廉政风险防范内容，即思想道德风险防范、制度机制风险防范、岗位职责风险防范。三是和党员、干部、教师履行廉洁自律承诺。四是实施科学规范管理，依托计划、执行、考核、修正的循环管理机制，对预防腐败工作实施科学管理。五是开展学习宣传教育，利用行政会、全体教职工政治学习的时间，反复强调树德养廉、依法从教的重要性，明确什么可为、什么不可为，避免或减少问题的发生。六是认真撰写心得体会，学习期间要认真做好学习笔记，撰写心得体会。

二、开展党性党风党纪教育和警示教育

学校党支部积极推进"两学一做"学习教育，为将此项活动深入开展，制订了《"两学一做"学习教育方案》，并就此项活动进行具体布置。鼓励大家逐条逐句通读党章，认真学习党规，向党章党规的基准看齐，养成维护党章、遵守纪律的思想自觉；研读习近平同志系列重要讲话，提高对党中央治国理政新理念、新思想、新战略的认识，在领会精髓要义的基础上学以

致用。

资源带坚持中心组每月一次、教职工隔周一次的学习制度，通过学习提高干部、教师的理论素养，推动学校工作向纵深发展，增强学校的凝聚力和战斗力，做到学理论、议实事、转观念。在学习中，我们坚持业余读书与集中研讨相结合、专家辅导与交流讨论相结合、中心组学习与深入实际调查研究相结合。通过学习研讨，切实使领导干部水平有所提高，使突出问题得到解决。

三、认真执行"三重一大"，推进"校务公开"

"办让人民满意的教育"就要坚定不移、实事求是地贯彻执行党和国家的教育方针、法律法规、各项政策。学校认真落实"三重一大""校务公开"制度，首先成立了领导小组（行政、支部、教代会代表），制订了落实方案，分别召开了行政会、人事纪检工作会，将其重要意义、措施向全体教职工进行宣传。例如，数字化校园建设、校园文化建设等，都是严格按照申报、审批、招投标、政府采购等规定程序完成的。还有教职工的评先评优、考核、职评，以及学生评选市、区三好学生和先进班集体评选等都遵循公开、公正、公平的民主原则，增强透明度，不搞暗箱操作，大家心明眼亮。在使用有限的专项资金时，做到合理安排，不铺张浪费，本着节约的原则，规范开支范围和开支标准，专款专用，账目清楚，及时反馈。学校财务管理"一本账"，从不设"账外账""小金库"，严格执行资金预算、结算管理制度不超范围，不超数额，用足用好有限资金。建立干部廉政档案，切实抓好领导干部的民主生活会，实行领导干部民主评议制度，进一步强化了党内监督、群众监督，进一步规范了党务、校务公开。

把党建作为学校的第一责任来抓

把党建作为学校的第一责任来抓，是建设教育强国的必然要求。教育是国之大计、党之大计。教育事关国家发展，事关民族未来。基础教育处于整个教育链条最基础、最关键的阶段，任务重、责任大、社会关注度高，迫切需要以高质量党建引领自身高质量发展，充分发挥基础教育领域党组织领导的核心作用，把党的全面领导的政治优势转化为基础教育改革发展优势。

把党建作为学校的第一责任来抓，是培养担当民族复兴大任的时代新人的必然要求。青少年阶段是人生的"拔节孕穗期"，其知识体系搭建尚未完成，价值观塑造尚未成型，情感心理尚未成熟，最需要精心引导和栽培。基础教育对于"扣好人生第一粒扣子"，促进青少年成长为时代新人至关重要。这就迫切需要通过加强党建工作，准确理解和全面贯彻党的教育方针，牢牢把握立德树人根本任务，并将之全方位贯穿到教育工作的全过程。

把党建作为学校的第一责任来抓，是深入推动全面从严治党向基层延伸、巩固党长期执政基础的必然要求。基础教育是党的基层组织建设的重要领域。党的十八大以来，基础教育领域党建工作在加强中改进，在改进中加强，取得明显成效。但也必须看到，基础教育领域党建仍然存在短板和一些亟待解决的问题，迫切需要通过破解难题、补齐短板，推动基础教育领域党组织、党员队伍和党的工作实现从建起来到强起来的飞跃。

旗帜鲜明讲政治、保证党的团结和集中统一是党的生命，也是我们党能成为百年大党、创造世纪伟业的关键所在。全面从严治党，首先要从政治上看。从一定意义上讲，教育就是政治，是政治的独特表现形式。能不能从讲政治的高度做教育工作，关系到教育的兴衰成败。各级党委、教育行政部门和基础教育领域各类学校要切实提高政治站位，把党建作为第一责任来抓，使基础教育成为坚持党的领导的坚强阵地。

履行好第一责任，必须增强政治意识。要按照新时代党的建设总要求，把政治建设放在首位，把好"方向盘"。要增强"四个意识"，坚定"四个自信"，做到"两个维护"，自觉在政治立场、政治方向、政治原则、政治道路上同党中央保持高度一致。要善于从政治上看问题，善于把握政治大局，不断提高政治判断力、政治领悟力、政治执行力。要胸怀中华民族伟大复兴战略全局和世界百年未有之大变局，增强工作的系统性、预见性、创造性。

履行好第一责任，必须担负起管党治党的主体责任。地方各级党委和教育部门党组织要把基层教育领域党建工作纳入重要议事日程,加强领导和指导。支持学校党组织讨论决定学校重大问题,履行好把方向、管大局、做决策、抓班子、带队伍、保落实的领导职责,保证党的路线方针政策及上级党组织决定不折不扣得到贯彻执行。积极稳妥推进党组织领导的校长负责制,不断健全党对基础教育全面领导的制度体系。各学校要立足自身实际,研究制定党建工作办法措施。

履行好第一责任,必须强化理论武装。要深入实施"百年行动",扎实开展"四史"学习教育,推动干部和教职工做到学史明理、学史增信、学史崇德、学史力行,学党史、悟思想、办实事、开新局,以昂扬姿态奋力开启全面建设社会主义现代化国家新征程。要重点抓好青少年学习教育,注重用党的奋斗历程和伟大成就鼓舞斗志、明确方向,用党的光荣传统和优良作风坚定信念、凝聚力量,用党的实践创造和历史经验启迪智慧、砥砺品格,让红色基因、革命薪火代代传承。

履行好第一责任,必须把抓好党建作为最大的政绩。学校党组织要把党建工作作为办学治校的重要工作和基本功,把党的教育方针全面贯彻到学校工作各方面。要围绕中心、服务大局,把党建工作与教育教学业务同部署、同落实、同考评,不能搞成"两张皮"。学校党建工作要把德育工作和思想政治工作紧紧抓在手上,着力精准推进,创新方式方法,努力构建全员、全方位、全过程的育人新格局。要坚持新时代党的组织路线,坚持正确用人导向,把政治过硬、品行优良、业务精通、锐意进取的优秀干部选配到学校领导岗位上,精心培养和组织一支会做党务工作的队伍。要严格党员标准,做好发展党员工作。严明党的纪律和规矩,落实"三会一课"等各项组织生活制度,持续开展反腐败斗争,给学校发展营造风清气正的良好政治生态。

把党建第一责任落到实处、落到细处,使基层党组织成为师生最贴心、最信赖的组织依靠,培养担当民族复兴大任的时代新人就有了根本保证。

第四章　让课程建设真正造福学生

以美启智，增进学生的知识和才干

一段优美的音乐、一句感人的话语、一幅迷人的图画都能带给人以美感，给人以启迪和智慧，从而迸发出灵感和思想撞击的火花。

美术课是进行美育的主渠道。和平里四小对美术课的教学质量十分重视，配备了高素质的教师，他们中间有特级教师、漫画家和区教研员等。他们充分发挥自己的特长，进行不同方面的美育教改实验。美术教师们通过欣赏美的形象、绚丽的色彩和线条的韵律激发孩子们的学习兴趣，从而不断地提高孩子们的感官敏锐度和形象思维的能力，并达到开发潜质和增长才华的目的。在画画的过程当中，孩子们脑、眼、手、口同时使用，培养了实践能力、想象力和创造力。想象是智慧的原动力，只有在海阔天空的奇思妙想中，大脑和智慧才能得到充分的使用锻炼和开发，也只有在亲自动手操作的实践中，智慧和想象才能转化成技能和创造力。

学校在狠抓美术教学，形成特色的同时，以此为切入点，进一步加强美育的教改实验，大胆改革美术课程，将漫画这种艺术形式引入课堂。自1990年起，和平里四小在四至六年级美术教学中开设了漫画课，即把每周两节美术课抽出一节上漫画课，在保证完成教材所规定的美术教学任务的同时，增加了漫画教学。21世纪需要富有创造力的人才，创造性思维是抽象思维和形象思维的结合。漫画教学正具备对人的思维和想象的开发功能，可以开启少年儿童运用多种思维和想象力认识世界中的美与丑、是与非、善与恶，让孩子们从漫画丰富的内涵里去了解社会，反思自己，树立美的意识、美的言行、美的心理。以学校生活为例，学生们那些一闪而过的趣事，往往是深刻生动的。

和平里四小是北京市的花园式学校，四季常绿，三季花开。学生都很爱花，他们常常帮助园丁爷爷为花木浇水施肥，但也出现过个别学生摘果折花的不良现象。学校五年级学生李正元发现了这个素材，她浮想联翩，构思巧妙地画了一幅《我们都爱花》——一个学生爱花为花浇水，另一个学生爱花把花摘为己有，主题很明确。孩子们看过这幅画后都为画中摘花的伙伴羞愧，从此再也没有发生过这类不文明的毁坏花草事件。此画不仅在人民美术出版社编辑出版的《儿童漫画》杂志上发表，还先后被上海儿童时代社的《哈哈画报》月刊、北京日报社的《北京晚报》等报刊转载。

学校以点带面，促使全面整体提高。学校从1996年开始开设美术实验班，之后逐年递增，由一个班扩大到2～3个班，由单一的美术学科扩展到音乐、书法、自然等学科，由美术教师扩展到各科教师，把美育渗透到各个方面。比如：

语文学科中的文字美——意境美；

数学学科中的思维逻辑美——形状美；

品德学科中的思想美——行为美；

体育课中的动作美——形体美；

音乐课中的旋律美——情绪美；

美术教学中的造型美——色彩美；

多媒体教学中的视觉美——神奇美；

自然学科中的探索美——生命美。

学生在大美育环境的熏陶下，感悟力强、表现力高。

"十五"期间，学校承担了国际合作项目"开发学生潜能，培养健全人格"课题，借鉴多元智能理论，在更新观念、研究方法、开发潜能、促进发展等方面进行了努力的探索和实践。首先，我们从营造多元的学习环境入手。环境的优劣对学生人格的形成和智能的发展至关重要。为营造多元的学习环境，我们把物质环境和人文环境一齐抓，在儿童时期充分利用环境尽量向孩子们提供机会，使他们发现自己最感兴趣的东西和能力最强的领域。在班级组织形式管理中，我们改变了一个班由六至七个小组组成的传统形式，建立起"班级家庭式小组"。伙伴们一起学习和活动，依照自定的《家规》约束着各自的行为。正是在这种交往中，孩子们相互交流、影响，互相促进发展，智能潜移默化也得到了开发。

我们还建立了多元智能教室，使之成为学生进行学习的聚集地。在教室和楼道，设立了"图书阅览""小巧手制作""123音乐台""涂鸦绘画墙"和"动植物养殖"等多个活动区，营造了一个既重视不同侧面智力又有利于合作学习交流的环境。智能化教室给孩子们一种全新、快乐的学习感受，改变了每天只是坐在座位上听讲的单调生活，获得了研究问题、学习技能、发展自我的自由。有的学生甚至跟家长说："我特别想在学校里，不想回家。"

其次，我们尝试建构多元化的课堂教学模式，传统教育忽略了人在教育和学习中的智能状态、自我的需求和学习过程。多元智能理论使我们认识到人可以运用自身的多种智能从事不同方法的学习，同时通过学习过程能够促进某些智能更快的发展。教学过程是教师与学生双边的共同活动，教师应该是学习的组织者、指导者，是创设学习情境、调动学生参与的导演，课堂上只有充分尊重了学生的思想、情感、个性和差异，才能使他们感到自己有能力学好知识。只有开放式的教学环境才能激发学生探究知识的欲望。

为了实现"以美育促全面发展"的办学思路，学校以加强美育特色校建设，提高各学科教学质量，全面实施素质教育为奋斗目标，积极开展美育渗透到各学科领域的专题研究。学校全体教师广泛吸收世界先进的教育思想，大胆探索基础教育课程的新内容和新形式，他们抓住审美教育，紧紧围绕着本学科的课程目标开展了丰富多彩的课堂教学改革和实验，出现了以学生为主体的积极探究学习的生动局面。

（本文撰写于2005年）

用美来串起课程的音符

美育，是培养学生认识美、爱好美和创造美的能力的教育，它是教育完整体系的一个重要组成部分。美育的目的是帮助学生树立正确的审美观、健康的审美情趣和高尚的审美理想，培养学生热爱生活、追求真善美的人生境界。

1912年，蔡元培在担任教育总长期间，创设新式教育体制，制定新式教育方针，在中国现代教育史上第一次把美育确立为国家教育方针，提出"世界观与美育主义"之宗。他的美育思想直接贯彻于教育实践，产生了深刻而广泛的社会影响。

党的十八届三中全会审议通过的《中共中央关于全面深化改革若干重大问题的决定》（以下简称《决定》）提出："改进美育教学，提高学生审美和人文素养。"将美育作为我国新时期深化教育改革的重大问题之一写进党的最高会议的《决定》，这让长期在美育实践探索中的教育工作者拥有了新的力量源泉，激励着我们以美的方式建构社会主义核心价值体系，努力培养具有文明、高雅、和谐的人文魅力的学生。

课程建设是一个多维度、多层级、多时空的动态运行系统。在这个系统中，教育行政管理者、学校办学者、教育教学研究者和课程的实施者分别承担着不同的职责和功能。区域课程建设要想实现现实突破和长足发展，必须集合所有人的力量和智慧，准确把握课程改革的基本要求，切实做好课程顶层设计，不断提高课程的领导力和执行力，发挥课程对学校教育内涵发展的内生动力和支撑力。

美育与学校的课程密不可分。可以说，课程的建构是师生按照美的规律去认识世界、改造世界，通过劳动创造美的记录。作为有着60多年历史的美育传统学校，和平里四小遵循"要给孩子们最美的教育"宗旨，着眼于全体学生健全人格的塑造，形成了"以美育美"的办学思想。植根于"以美育美"深厚的文化积淀，坚持美育品牌，以美育为载体，践行大美育观的理念，将美育与学校课程相融合，将美育融入学校各个角落，打造出了具有美育特色的校园文化。

一、美育理念是课程体系实施的基本原则

以美育美，即以最贴切、适合的美的内容与方式，包括具有美育特征的学校课程，唤醒人内心对美的向往和追求，激发出人潜在的美的优势，尽显人的自由品格，展示人的生命活力和创造性，达到人自身的和谐、人与人的和谐、人与环境的和谐、环境与环境的和谐等。基于这样的理念，我们课程实施的基本原则是：

第一，面向全体学生，尊重差异发展。学生的发展是一切课程的出发点和归宿。课程目标的设定和课程评价、课程资源的开发和利用都应突出以学生为主体、面向全体学生的思想。课程实施应成为学生在有效指导下进行的构建知识、展现自我、发展能力和拓宽视野的过程。

第二，整体设计目标，体现灵活开放。课程的目标应从学生的生理、心理发展特点出发，整体规划，实行目标递进。这种设计旨在体现教育循序渐进的过程和课程的有机衔接。各册教材在目标渐进的基础上，风格各不相同，保证了课程的整体性、灵活性和开放性。

第三，创新实践活动，倡导体验探究。课程设置以合作、体验、活动等多种形式展开，以培养学生的实践能力和创新精神为主要目标。在课程实施过程中，指导学生通过感知、体验、合作等方式实现培养目标；在活动过程中，形成良好的、积极的学习态度，促进学生的全面发展。

第四，注重过程评价，促进学生发展。建立能激励学生参与研究的兴趣和促进能力发展的评价体系，采用形成性、过程性评价，注重学生情感、态度、价值观的变化和发展，促进学生健康人格的养成和能力的不断发展。

第五，开发课程资源，拓展学习空间。现阶段推进的互动课程不是零起步，而是在原有基础上积极开发和利用现有课程资源。发掘教师潜能，积极鼓励和支持任课教师主动参与校内外课程资源的开发和利用，给学生提供广阔的学习空间，是课程深入推进的基础。

二、育人机制是课程不断发展的保障

学校的一切都是为学生成长服务的，而课程是学生成长的支点。从学生的成长和教育的长期发展来看，课程建设应该是一个理性的教育决策和切实的实践行动，而这个决策和行动需要师生共生共创，在课程创建和实施的过程中共同促进、共同成长。

在这个过程中，教师不再只是一个课程知识的被动传递者，而是一个主动的创造者、开发者；也不再只是一个真理的垄断者，而是一个真诚的促进者、同行者。学生也不再是课程知识的被动接受者，而是参与到课程的开发中，做学习的主人。

第一，要对学校课程设置和实施现状进行分析定位。诊断应建立在学校的历史、现实、文化特色和办学特色等基础上，根据学校和学生的特点，通过对教师和学生的调查获得学校需要重点培养的美育内涵，评估学校现有的课程或者课程体系的设置和实施是否符合学校的实际，每一门课程是否指向美育内涵，课程是否符合学生的需求、兴趣，课程与课程之间是否与美育有实质性的联系，从而形成基于学校特点、符合学生需求，在美育和学校课程之间建立起实质联结的课程体系。

第二，基于美育对学校课程进行顶层设计。顶层设计是基于美育、从全局角度进行的学校课程规划，是在对学校课程诊断的基础上，明确学校课程水平现状、育人目标，从顶层对学校课程进行整体设计。学校课程顶层设计要考虑如何将美育元素转化为学科素养，规划适宜的指向具体"美"的课程。在进行课程规划时，就应明确课程要培养哪些学科素养，培养到什么程度，以及如何评估，等等。在此基础上，构建起学校不同年级课程的纵向衔接，以培养不同年龄层次学生核心素养应达成的目标水平；构建起指向不同美的领域的课程之间的横向配合，课程与课程成为系统中相互联系、相互作用的各要素，各要素再构成一个具有整体性、有序性和优化趋向的系统。

第三，构建学校"以美育美"课程体系。"以美育美"办学思想涉及以美养德、以美启智、以美健体、以美陶情、以美促劳五个维度。我们将学生校内的学习同校外生活及其需要和兴趣紧密结合，关注学生终身发展的内在需要，着眼于学生个性的全面发展，以达到"以美育美"的根本价值追求。我们将核心素养归纳为审美能力、人文素养和创新精神三大领域。课堂上，通过交流合作学习、生生互动、师生互动，用调动内驱力来提高课堂教学效率。依托课堂教学主阵地，关注教学语言、教师形象、课堂设计、师生关系等，全面渗透美育特色教育思想，突出美育功能。学校课程整合的主要内容为：学科知识间的整合、学科知识与生活的整合、资源的整合以及学习方式的整合。学生在这充满美感与活力的课堂上受到启迪，情操得以升华，素质得以提高，学校教育教学质量稳步提升。

第四，形成培养学生核心素养的师资保证。任何课程的开发都是从无到有，从单一到系列，从小创意到大课程。而这一切都需要课程的实施者——教师的专业理性和认知，这既是对教师的挑战，也是教师专业发展的新增长点。其中既有量的累积，更有质的深化，需要教师更丰实的教育教学研究能力。课程开发本身就是科学研究的过程：不仅要研究学校、学生，还要研究课程理论、课程制度；不仅要研究问题的解决方法，还要研究交往、协调的方法等，其中反思性研究的自觉性更是必不可少。

"以美育美"的办学理念，发挥着学校文化对学校课程建设和发展方向的引领作用，逐步完善着蕴含学校特色和共同教育价值观的学校文化视域下课程体系的建设。我们相信，这是实现教育理想的有效途径，也是抢占新一轮课程改革高地的有效探索。我们将勉力奋进，砥砺前行。

（本文撰写于 2014 年）

"以美育美"课程体系建设的探索与实施

2010 年，我校开启了第三阶段的课程体系。课程类别为：语言与文学、人文与社会、科学与技术、艺术与审美、体育与健康、综合与实践。每个类别中分别有三个系列：基础课程，拓展课程，特色课程。

一、三个系列的介绍

（一）基础课程

基础课程面向全体学生，注重"双基"能力的培养，由国家课程、地方课程和校本课程组成。国家课程包括语文、数学、英语、科学、道德与法治、艺术、体育。地方课程开设环境教育、安全教育、传统文化。校本课程开设漫画天地、心理健康、书法等。

（二）拓展课程

拓展课程旨在培养学生的主体意识，完善学生的认知结构，改善学生学习方式，提高学生自我管理和选择学习的能力。拓展课程具有一定的开放性，是对基础课程的拓宽与延伸，能使学生积累更宽泛的知识与经验、能力与方法，养成良好的个性品质。

（三）特色课程

特色课程即具有本校特色，为学生个性化发展而开设的课程。特色课程是学校针对学生的实际需要和现实问题，继承学校传统并观照学校的发展走向，独立设计和实施的课程，是学校独特课程文化的重要组成部分和"载体"。从学生方面来看，涉及知识、技能、智力、能力、情感、道德、审美、个性特长等多方面的内容。

二、六大类别课程介绍

（一）语言与文学

理想的学校是书香飘逸的。和平里四小课程的第一部分归于语言与文学。文学是语言的艺术，文学就是用语言来创造形象、典型和性格，用语言来反映现实事件、自然景物和思维过程。正如法国福楼拜所说，文学就像炉中的火一样，我们从人家借得火来把自己点燃，而后传给别人，以至为大家所共有共通。

为了创建良好的校园文化，营造浓郁的书香氛围，和平里四小开设了"经典诵读"课，诵读内容包括《三字经》《弟子规》《唐诗》《宋词》《论语》

《老子》等，旨在激发师生读书的兴趣与热情，让师生都亲近书本，喜爱读书，学会读书，让师生在读书活动中沐浴文化的恩泽，接受传统文化的洗礼，享受读书的快乐，收获读书的成果。

（二）人文与社会

人义与社会类课程的目标是提高学生的人文素养，培养学生成为具有社会能力的人。所谓人文素养即做人的基本修养，体现在一个人对自己、他人及社会的认识、态度和行为准则中。人文素养可以分为三个不同的层面：人文知识、人文态度和人文精神。其中人文精神是可以感受而不可言传的，也是人文素养的最高形态。有教育专家曾说：一个人良好行为习惯的养成在小学阶段，良好品德的形成在初中阶段。可见提高少年儿童的人文素养至关重要。

"我们的节日"课程：节日是文化传播和传承的重要载体，承载了厚重的文化内涵。为丰富学生生活，和平里四小开设了文体艺术节、书画艺术节、科技节等学校传统节日。通过开发学校传统节日课程，把教师、学生、家长汇聚在一起，增加凝聚力，培养学生对美的认识与向往，也给资源带孩子们搭设了展示的舞台。

"志愿者"课程：随着教育改革的不断深入，人们对学校教育提出了更多、更新的要求。建设志愿者队伍，不仅能拓展教育的宽度和深度，还可以通过家校合作、学校与社会资源结合，相互促进，达成共赢。和平里四小邀请有特长的家长、警察、中医药大学学生、医生、博物馆讲解员、法官、学雷锋先进模范——孙茂芳、谢亮等愿意为学生成长服务的志愿者走进课堂，他们凭借自己的双手、头脑、知识、爱心开展各种讲座。志愿者来到学校，为学生拓宽了视野。同时，学生也学习了志愿者的奉献精神。

"职业体验"课程：职业理想是个人对未来职业的向往和追求，既包括对将来所从事的职业种类和职业方向的追求，也包括对事业成就的追求。青少年时期是学生的人生观、世界观形成的时期，也是职业理想孕育的关键时期。作为理想的重要组成部分的职业理想，体现了人们的职业价值观，直接指导着人们的择业行为。和平里四小的职业体验课有：镜前小模特、少儿模仿秀、小小演说家、巧艺匠心手工坊、"天才"搭配师、毕加索大师班……

（三）科学与技术

科学与技术类课程有利于从小培养学生的科学知识、科学素养。科学与技术的学习不仅仅是理论的学习，更重要的是让学生从课堂中领悟到探索的重要性，综合培养学生发现问题、探究问题和解决问题的能力。随着信息技术的发展，传统的填鸭式教学无法满足课堂教学要求，教师要充分利用信息化教学手段，营造良好的科学技术课堂教学环境，提高课堂教学质量。科学与技术类课程以培养学生的兴趣、能力为主。

例如，"爱鸟，观鸟，护鸟"科技活动课程：小学阶段的环境教育不仅仅是向学生传授关于自然界中生命及其生存环境的科学知识，更重要的是培养学生关爱生命、热爱大自然的思想感情，提高学生的环境保护意识，促进学生对环境保护负责的态度。学校对喜欢自然研究的学生进行校本培训，还将对鸟类研究感兴趣的学生进行组队，组建了观鸟小组。鸟类是目前存在于自然界中较容易为人类所接近的一类野生动物。观鸟可以让学生认识鸟类，了解它们生活、繁殖和迁徙的科学知识。在欣赏鸟类的同时认识大自然，形成自然观察、自然体验的习惯，激发内心保护大自然的意愿。

（四）艺术与审美

美是客观存在的，只有具备善于发现的双眼和善于感受的心灵，才能体验到艺术的美。然而由于受教育程度以及生活环境的不同，有的人却没有发现美的能力。其主要原因是缺乏审美教育，特别是从小没能受到良好的审美培养。因此，要懂得美、欣赏美、提高审美鉴别能力，就必须从小学阶段的审美教育开始抓起。孩子们走进和平里四小，我们就开始引导：美在我们身边，随处可见，唾手可得，有美好的人、美好的回忆、美丽的风景和花木等。为什么有的人可以写出那么美丽的词，谱出那么动听的旋律？这与从小审美观的培养有很大的关系。如果从小注意对审美的培养，就会受益终身。

例如"儿童漫画"课程："漫画是思想的艺术，漫画是智慧的艺术，漫画是快乐的艺术"。这句话道出了漫画艺术的基本特征。事实证明，各个年龄阶段的人对漫画感兴趣的有很多，尤其是小学生。可以利用学生感兴趣的事物做教学资源，引导学生观察生活，感悟生活，热爱生活。漫画的时代感强，主题鲜明，在运用绘画技能感知画面内容、揣摩画面寓意的过程中，可以培养学生敏锐的观察能力、洞察能力，使其提升思想境界，在潜移默化中陶冶情操，达到"风声雨声读书声，声声入耳；国事家事天下事，事事关心"的理想境界。

（五）体育与健康

阳光体育课程是资源带"健康第一"理念指导下的特色体育教育活动。在体育课程中，学校创编了活泼、韵律感强的健美操，如花样跳绳操、花样踢毽操、篮球操等；开展了跳绳比赛、篮球班级对抗赛、长跑比赛等多项体育竞赛；开发了太极拳、空竹、皮筋、花样跳绳、绑腿跑、推铁环、身体素质练习、羽毛球基本功练习等多个训练项目；成立了田径队、篮球队。这些项目的开展激发了学生参与体育锻炼的兴趣，提升了学生参与体育锻炼的热情。

学校还经常邀请体育明星进校园。美国 IMG 著名足球教练拉塞尔和大联盟全明星球员凯文于 2015 年 12 月走进和平里四小，和学生一起上了一节精彩的足球课，为学生传授了足球理念和足球技艺，让和平里四小的学生感受到了来自美国足球学院教练的言传身教。"中国校园体育梦工厂"的助梦导师们及前女篮郑海霞，来校传播体育知识，展示精彩球技。

（六）综合与实践

综合实践活动是现代教育中的个性内容、体验内容和反思内容。与传统教育片面追求教育个体的发展、共性和知识有所不同，综合实践活动提供了一个相对独立的学习生态化空间。学生是这个空间的主导者。学生具有整个活动绝对的支配权和主导权，能够以自我和团队为中心，推动活动的进行。在这个过程中，学生更谋求独立完成整个活动，而不是聆听教诲。教师在综合实践活动这个生态化空间里，只是一个引导者、指导者和旁观者。

1. "嘉年华"课程

体育嘉年华：每年春季，资源带三个校区的师生和家长欢聚在北京奥体中心运动场，共同举办以"扬运动之帆　走健康之路"为主题的春季运动会。师生参加入场式时，用娴熟规范的动作、整齐有序的步伐队列、高昂洪亮的口号、精神抖擞的面貌尽情展示出热情欢乐、健康向上的生机与活力。

学生们敲起锣鼓，舞起两条巨龙，龙身游走如飞，欢腾跳跃、辗转腾挪。学生们用龙的精神表示他们在赛场上奋勇争先、勇创佳绩的决心。在亲子方阵中，妈妈手拉着孩子，爸爸挥动彩旗，为和平里四小助威、喝彩。教师方阵跳起舞蹈《舞动中国》，舞出了快乐，舞出了激情，舞出了和平里四小教师朝气蓬勃、奋发有为、锐意进取的青春风采。学生们踏着明快的节拍，和着欢乐的旋律，跳出了快乐的金色童年。运动会涵盖众多集体比赛项目和个人项目，并号召所有学生积极参与，让每个学生都能在运动中感受快乐，在竞技中展示才华，在拼搏中培养毅力，在成长中绽放光彩。

美术嘉年华：学校在古色古香的普度寺大殿内举办书画展，迎接来自祖国各地，乃至世界各地的朋友们欣赏学生的画展，书法作品、剪纸艺术、手工艺品等。

地理嘉年华：中国海洋报社的记者、南极科考队的队员徐小龙为学生讲述了南极的奥秘。学生越发感受到科学工作者的伟大，感受到作为中国人的自豪。中国南极科考队员们驾驶着"雪龙"号，带上了学生装满保护地球家园愿望的漂流瓶，让世界各地看到中国少年对地球家园的热爱。学校师生经常到国家海洋环境预报中心参观学习。2000余名师生走进北京海洋馆、富国海底世界，领略大海的奥秘，畅享海洋知识。

冰雪嘉年华：这项活动是在2008年北京奥运会主会场鸟巢进行的，包括冰壶球、雪地滑板、冰滑梯、雪圈游戏等，孩子们感受到冬季北京的寒冷，却又享受在冰雪世界的快乐。为了让更多的学生参与活动，在冰雪活动中老师为孩子们讲述：中国北京获得了2022年第24届冬季奥林匹克运动会主办权，北京成为奥运史上第一个举办过夏季奥林匹克运动会和冬季奥林匹克运动会的城市，同时中国也成为第一个实现奥运"全满贯"（先后举办奥运会、残奥会、青奥会、冬奥会、冬残奥会）的国家。孩子们为此欢呼雀跃，更加热爱冰雪活动了。

2. "国际理解"课程

随着教育国际化的不断深入，和平里四小对国际教育越来越重视，将其纳入学校的整体发展规划中，通过实施引进优秀课程、开展境外学习实践活动等，培养具有本土意识、爱国情怀，具有国际视野、通晓国际规则，具有全球竞争与合作能力，具有全球责任感，掌握现代科技文化知识的国际化创新型人才。我们带领学生走进外国驻华大使馆参加文化交流活动，还组织学生赴加拿大、美国、澳大利亚等国家进行境外学习实践活动。

和平里四小师生追寻理想课程、理想教育的脚步从未停歇。当学生离开学校时，带走的不仅是知识，更重要的是对理想的追求。学校要让学生的天性有展现的空间，智慧有表达的机会，美德在学习中扎根，梦想在勤奋中实现。和平里四小将在"以美育美"育人目标的引领下，怀揣着沉甸甸的教育责任，运用无限的教育智慧，把"大美育观"作为工作的出发点，将美育延伸到各级课程，更好地发展学校的美育特色，不断地提升教育内涵，逐步形成独具中国特色、国际化的品牌学校。

（本文撰写于 2016 年）

构建"高效学习，互助生成，活力成长"的新课堂

2021 年 7 月，中共中央办公厅、国务院办公厅印发了《关于进一步减轻义务教育阶段学生作业负担和校外培训负担的意见》（即"双减"政策）。"双减"以促进学生全面发展为导向，提升校内教育质量，规范校外教育培训，明确教育治理的边界，以系统观念推进教育领域综合改革。文件中指出，减轻学生负担，根本之策在于全面提高学校教育教学质量，发挥学校主阵地作用。要深入研究"减什么"，多样化探索"如何减"，保障基本学业标准不降低，最终目标是构建高质量教育体系。

"双减"的出路在于教育改革，教育改革的核心在于课程改革，课程改革的核心在于课堂改革。也就是说，深化课程改革的突破点在课堂，提升育人质量的主阵地在课堂，推进育人模式的创新必然要聚焦课堂。

一、确立一个理念——要让每一个学生都能得到发展

新时代的优质教育应发生真正的学习。从目标追求来说，优质教育应该

为学生的幸福人生奠基，为一个好的社会培养好的公民；从教育过程来说，优质教育应充满关注生命的气息，真正实现有效学习的发生；从效果来看，优质教育一定是能够促进学生自主发展、和谐发展、有个性的发展和可持续发展的教育。

课堂上的一切都是为了学生的发展，所以学生才是课堂的主人。因此，上好每一节课，不仅指思政课、各学科的课，还包括班队会、主题教育实践活动等，即学生每天在学校浸润其中的每一个场域。我们要把每一个教育行为作为传递知识、培养能力、引发兴趣、促进发展的过程。正是确立了这样的理念，教师在教学工作中才能做到重视每一个学生，从学生的发展需求出发，从学生的整体素质出发，因势利导，因材施教，寻找学生成长发展的突破口。

二、培养一支队伍——努力打造优秀的教师群体

学校发展的核心任务是发展教师。一所优质的学校一定是能够引领教师追求教育本质，点燃教师激情、激发教师活力的学校；是通过创新性的多元评价来促进教师认识自己、发现自己、完善自己的学校；是一所重视教学研究、关注课程建设的，引领教师从"小"处着手，在"实"上做文章，找寻真实的"问题"，力求通过教学研究、课程研究解决实际问题，让教师在问题解决中推动自身专业成长的学校。

无论任何时代，"学高为师"都是一个没有终点的期待。"空袋无以自立"，增值赋能是教师停不下来的人生课。学校申报并已立项"十四五"市级课题"基于高质量发展，和平里四小教师队伍成长路径的研究"，课题研究目标立足学科核心素养，凸显美育协同教育。核心问题是让每一位教师展现研究力、创新力，实现教师发展和质量提升的双向促进，构建高质量育人体系。

习近平总书记指出，教师是教育改革和发展的第一资源，发展教育，必先发展教师。东城区"双提升"三年行动计划中指出，准确对标新时代要求，高起点、高标准培养与核心区优质教育发展相匹配的高素质、专业化干

部教师队伍。为此，和平里四小校在《立德树人、育美未来、为教师发展赋能的"双提升"三年行动计划》中，紧扣"以美育美""以智取质"的教师发展目标，将专任教师分为"后备人才成长营""市区名师工作坊""资深教师师徒制""青年教师启航队"四个群体，实施分层按需培训的教师发展目标。用智慧教育的内涵聚焦高质量发展，努力将教师培养成智慧教育高质量发展的落实者、引领者、获益者。

三、搞好一项研究——智慧课堂教学研究

课堂教学是教学工作的主阵地。如何使课堂教学既体现课程改革的大方向，符合新课程理念，又能够满足学生需求，受学生欢迎，从而切实有效地提高学校的教学质量，一直是学校和教师的研究课题。和平里四小开展的课堂诊断与教学改进专题培训项目（以下简称和平里四小专题培训项目）是教师专业发展项目。首都师范大学王陆教授担任本项目首席专家，由其带领专家团队负责项目的具体实施。

本项目旨在通过对和平里四小专题培训项目研修教师的课堂，进行基于课堂教学行为大数据的客观、全面的分析，以发现教师教学的特色及问题；并通过课堂教学改进工作坊帮助教师有针对性地改进课堂教学，支持参与项目的教师开展基于大数据的教育、教学和研究等活动，促进教师课堂教学行为的改进，提升教师的专业发展水平。

对课堂教学行为数据进行数据证据链分析，发现和平里四小课堂教学呈现出如下特点：第一，课堂充分突显学生的主体性和教师的指导性。项目开展后教师行为占有率下降，相应学生行为占有率有所提升，表明在课堂上教师给予了学生更多的自主学习、思考、交流讨论以及合作探究的时间。在参与课堂的形式上，让学生齐答、叫举手者回答和鼓励学生提问的数据都较项目开展前有所提升，表明学生集体、个体参与课堂的主动性都有所提升。教师能够给予学生充分、完整表达观点的机会，且教师越来越重视学生自主质疑和问题意识的培养，充分体现了课堂上学生的主体性和教师的指导性，更加注重学生自主性、创造性、批判性、能动性等主体性

品质的培养。

第二，问题设计更有助于学生高阶思维能力的培养。问题是教学的逻辑起点，问题设计的合理性和科学性与课堂的探究深度以及生成高度都有密切的联系。通过一年的学习，老师们整体的问题设计能力有了较大的提升，从问题类型来看，记忆性问题较项目开展前有大幅的降低，而推理性问题、创造性问题和批判性问题都有了不同程度的提升，"四何问题"中的"为何问题""如何问题"以及"若何问题"等较项目开展前都有相应的提升。整体的课堂问题设计更加指向了学生的逻辑思考能力、问题解决能力及知识迁移应用能力等高阶思维能力的培养。

第三，课堂教学有了更好的生成。从综合问题类型、学生回答类型、"四何问题"、教师回应方式以及对话深度等数据来看，教师在问题设计和教学过程中能够有意识地设计合理的问题系统，帮助学生由浅入深地思考，更加注重学生从简单的知识记忆到理解再到综合应用以及知识创生的过程。教师较项目开展前更善于设计开放度较高的问题，并能够及时抓住学生的课堂生成进行追问，举一反三、循序渐进、融会贯通，让学生在积极参与和自由表达中促发高阶思维的发展，突显出教学当中的渐进性、启发性和生成性。具体表现在学生的认知记忆性回答较项目开展前有明显降低，而推理性回答和创造评价性回答也都有了大幅度的提升，学生在回答中展现了更好的逻辑推理能力、独立思考的能力、独特观点的提炼能力及更开阔的思维空间，学生高阶思维也得到了有效的生成。

第四，教师课堂话语体系得到新的发展。教师课堂话语的规范性、启发性、渐进性、支持性、协商性等是课堂活动高效和有序开展的重要前提。从教师的回应方式来看，项目开展后教师言语回应略有降低，相对应的非言语回应有了一定的提升，课堂回应趋向多元化，以更为灵活的回应方式关注学生的发展。从回应态度来看，项目开展后肯定回应有所降低，而重复学生回答并解释有了较大的提升，教师除肯定学生的回答外，更注重对学生回答做进一步归纳和提升，拓展知识的深度与广度。从对话深度来看，项目开展后，教师处理课堂核心问题时有了更深入的思考，有了娴熟的话语引导和科学的问题链，问题设计更好地促进了问题探究的深度。

在课堂教学改革中，我们始终坚持以学生的发展为着眼点，上好每一堂课，让教师做课堂教学的设计者、组织者和促进者，充分发挥学生的潜能，发展并完善新课程理念的课堂教学改革。

落实"双减"，聚焦"双升"

中共中央办公厅、国务院办公厅印发的《关于进一步减轻义务教育阶段学生作业负担和校外培训负担的意见》，是增强人民福祉、回应百姓关切的生动体现，也是党中央站在国之大计、党之大计角度作出的重大决策部署。和平里四小在落实"双减"政策上，聚焦"双升"，在增量上做出"新算法"。

"双减"能"减"下去，关键是课堂教学质量能"增"上来。作业量减下去，课堂质量提升起来，才能让学有余力的学生"吃得饱"，让"跑得慢"的学生"跟得上"。减轻学生负担，根本之策在于全面提高学校教育教学质量。要深入研究"减什么"，多样化探索"如何减"，最终目标是构建高质量教育体系，协同育人共同体。为此，学校聚焦"双升"，提升育人质量主阵地的课堂教学实效，提升新时代教师的育人水平，推进育人模式的创新。

一、提升课堂教学质量，做到"三个优化"

一是立足学生优化课程结构和教学内容。选用多样化的教学方法与模式，通过大单元整体设计、项目式学习、综合实践学习等方式，充分利用信息技术辅助教学、和平里四小"云"课堂和多元化的教学评价方式，整体提升课堂教学效率。

二是优化丰富多元的校本课程，开发校园各类环境、设施、硬件资源，为学生提供丰富的校内学习课程与学习资源。聚焦学生核心素养培养，建构彰显学校办学理念和育人特色的"以美育美"课程体系，旨在满足学生的个性化发展需求。建立起涵盖课堂教学在内的多维立体教育体系，通过课程育人、文化育人、活动育人、实践育人、管理育人、协同育人，增强对学生的课后服务供给，促进学生思维能力、学习能力与综合素质的发展。

三是优化作业设计，在"控量"上下功夫。将作业布置纳入教研体系，控制作业总量，控制作业完成时间。经常性开展提升作业质量的研究，优化作业设计，坚决杜绝机械、重复甚至惩罚性作业。我们提倡好的作业设计应体现出基础的——少而精，分层的——精准性，弹性的——合理性，个性的——必要性，从而达到学困生"吃饱"，学优生"吃好"。说白了，"负担"是一种心理感受。主体化学习能让学生从"牛不喝水强按头"变成"发自内心的求知欲"。

二、提高教师育人水平，提升三种能力

一个人遇到好老师是人生的幸运，一个学校拥有好老师是学校的光荣，一个民族源源不断地涌现出一批又一批好老师则是民族的希望。充分激发教师队伍的活力，让每个学生都有机会遇到好老师，才能真正打造高质量的教育体系，强化学校教育主阵地作用，才能从根本上构建起良好的教育生态，从而为"双减"政策的有效落地提供有力支撑。为此，我们要求教师努力提升育人本领，与时俱进地提升三种能力。

一是做立德树人的智慧者，提升育德能力。浇花浇根，育人育心。德"立"住了，人才能"树"起来，才能真正成长为对国家、对社会、对民族有用的人才。教师要成为善于用细微的眼光观察学生，去发现学生的特长与天赋，用心引导，因势利导地加以培养的大先生，要充分挖掘学生的内在潜能，激发学生对未来生活的美好追求。新时代的学生是在数字化时代成长起来的，他们思维灵活，知识面广，受多元社会文化和不同家庭文化的影响，性格各异，个性凸显，给立德树人的工作提出了新挑战。教师只有成为立德树人的智慧者，与时俱进，和时代一起前行，才能适应未来立德树人的要求，才能成为未来优秀的教育人。

二是做思想情绪的管理者，提升共情能力。在师生关系中，教师的情

绪管理能力影响着教育效果。情绪管理来自正确的价值观。我们要求教师首先要学会包容学生成长中的问题，善于找到学生身上的闪光点，挖掘他们身上的潜能，激励其主动成长。然后以此为基础，慢慢引导其冷静反思、认识问题、自我改进、不断发展。教师要教好"学生"，而不只是教"好学生"。花儿不一定开在春天里，它们都有各自的花期。在面对学生成长中的种种问题，面对社会的各种诱惑时，教师心中要有定律，要有敬畏，要有修养，管理好自己的思想情绪，把握好时代的脉搏，展现出新时代教师的风采。

三是做和谐关系的营造者，提升亲和能力。有好的师生关系才有好的教育。要成为一名好教师，最为重要的是成为学生喜欢的老师。学生喜欢你，才会乐意接近你，才能够向你敞开心扉，你才能了解每个孩子的真实想法，才能有效地引导与启发。教育需要改革，学校需要改变，但是最终的改变在于每一名教师的内心。教育发展的过程，就是教师心性改善的过程。我们都要主动改变，从自我开始，不断地做最好的自己。要改变评价模式，在"思想"上下功夫。教育评价是多元的，要树立科学的教育观念。好的教育须打破"唯分数论"，要淡化甄别功能，放大激励功能，注重学生过程性成长进步，促进教育质量全面提高。

实施高效课堂，提升育人能力，在"提质"上做加法，是我们落实"双减"的增量观，是从源头治理学生作业负担的重要方法。让"教"的逻辑为"学"的逻辑服务，"减"下来的是负担与成本，"提"上来的是更好的质量与保障。

做好"家常菜"，促进学生内涵发展

美育不单是美术特长，而是立足于大美育观来实施素质教育，形成学校特有的美育文化。几年来，和平里四小紧紧围绕课程改革，立足校本，聚焦育人根本，走美育文化内涵发展之路，有效地减轻了学生过重的课业负担，促进了学生健康成长，全面提升了学生素养。

一、开展多元教育，促进内涵发展

宋庆龄先生曾说：我们应该把最美好的东西送给我们的孩子们。和平里四小充分发挥美育特色，把最美好的美育送给孩子们，追求"以美养德、以美启智、以美健体、以美陶情、以美促劳"，将德育、智育、体育、美育和劳育等有机统一在教学活动中。

健康是永久的主题，学校每年都要召开以"健康促进学校"为主题的大会，并把"健康促进"纳入各项活动当中，创造一个融洽、温馨、积极进取的学习生活环境。

（一）阳光体育活动有声有色

阳光体育活动是学校的特色体育活动。学校创编了活泼、韵律感强的健美操，如花样跳绳操、花样踢毽操、篮球操等。开发了太极拳、空竹、皮筋、花样跳绳等多个训练项目。这些项目的开展提升了学生参与体育锻炼的热情，丰富了学校"体育锻炼一小时"的内涵。

一年一度的"体育艺术节"活动更是一次全校的盛会。不仅为所有学生提供了展示体育才能的舞台，更因教师、家长共同参与而趣味横生，这种亲子、亲朋、亲师的趣味体育活动，真正体现了"人人参与，人人体验"的理念。

学校还推出了"学校体育之星"评比活动，公布了"体育之星""健康之星"的评比标准，同时印发了《和平里第四小学"体育之星"活动手册》，使之成为学生阳光体育档案，将学生体质健康状况、参与体育活动的表现以及平时体育测评的成绩等成长数据记录在案，作为学生综合素质评价的重要指标，并将学生体质健康水平作为评估学校实施素质教育的重要依据。活动手册还针对双休日、寒暑假这些体育锻炼"真空地带"，指导学生锻炼力量、速度、灵敏度和柔韧性等运动素质，保证"体育作业"有效地落实。

（二）用心灵贴近心灵，开展心理健康教育

关注身体健康的同时，我们还关注学生的心理健康。学校积极开展心理

健康教育，要求1—6年级围绕心理健康的主题，针对各班的实际情况，有目的地开展班队会活动。学校提供班主任心理健康研讨活动的条件，同时邀请心理健康教授就"如何与孩子沟通"问题开办了专题讲座，使每个班都有个案追踪记录，都有自己的教育特色。学校还设立了心理健康"悄悄话小屋"，让孩子们利用课余时间和教师交心，使学生心情舒畅满意而归，为学生提供了说真话、贴近教师的机会。

二、做好"家常菜"，促进内涵发展

（一）减负增效，围绕做好"家常菜"

"家常菜"指的是每一天的日常课堂。俗话说："家常菜最养人。"我们认为"减负增效"是推动学校办学品质、丰富学校内涵的有力抓手，从以下三个方面进行了"减负增效"的有效探索。

首先，看事实，唤觉醒——找到差距，明确方向，转变观念。我们通过问卷调查、查看学生记事本，以及与部分教师、家长、学生座谈等方式，了解学生现有的课业负担，并及时反馈作业问卷调查结果。接着抽查某一天学生作业情况，分析学生错题，明确教学必须以学生认知基础为起点，符合学生身心发展特点，并以学生终身发展为终极目标。结合东城区倡导的"变地毯式轰炸为精准制导"的理念，深入进行复习课、作业设计的研究，通过比较教师复习课、作业设计的异同，认识到考试只是一种手段；务必针对学生的不同特点和差异，确定有层次的教学目标、有效的教学方法。

其次，用智慧，出实招——改变教法，创新实践，感受价值。我们举办基本技能大赛，引领教师专业化发展；将"教师问题"转化为开展教师培训的"课题"，消灭不合格课，提高常态课实效；进行课堂效果反馈，从学生发展的角度审视一堂课的教学效果。我们提出"教师下海，学生上岸"的训练理念。比如，我们在推进电子备课的过程中进行了改革，教师进行单元备课的同时，配以本单元的练习集锦，包括单元练习、易错题集、综合练习，将学生从题海中解放出来，就集中性的问题进行有针对性的练习训练。同时，在年级集体研究的基础上共同练习，减少生生之间、班班之间的差异。

最后，营氛围，促合力——抓精细管理。学校积极创设与课程改革相适应的环境"场"，全面实施"精细化管理"，形成了校长全面负责—教学副校长主抓—教导处—年级组—工作室—学科的教学管理体系。依照东城区教委提出的管理人员要"沉得下去，跟得上来"，做到"深入课堂，研究课改；调控指导，服务课改"；加强"过程管理"，细化"备课、上课、作业、辅导、评价"等教学环节，狠抓教学常规，加大督查制度的落实，将教学的全过程置于有效督控之下。学校三、五、六年级连续三年在市、区抽测中取得不俗的成绩，可以看出教师常规工作的落实到位。

（二）减负增效，创新作业记录方式

学校通过记录作业反馈、评价学习效果为实现学习效果导航。通过问卷调查，我们发现主要有三个问题：作业量过大，用时过长；作业形式单一，缺少层次；欠缺有效指导。随后我们及时反馈作业问卷调查结果，认为实际作业量超出规定标准，课业负担的确过重。

学校结合东城区倡导的"变地毯式轰炸为精准制导"的理念，深入研究作业设计及作业管理。通过比较教师作业设计的异同，认识到教学只为应考的话永远培养不出优秀的教师，也培养不出优秀的学生；务必针对学生的不同特点和差异，确定有效作业。通过分析不同类型的学生作业中的错题，研究并实施作业记录制度，并增加了计时栏目，请家长及学生参与作业管理，有效地提高了作业效率。具体做法如下图所示：

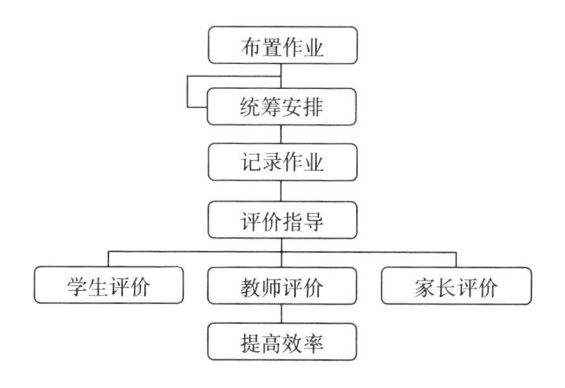

布置作业 → 统筹安排 → 记录作业 → 评价指导 → 学生评价 / 教师评价 / 家长评价 → 提高效率

首先对作业布置提出明确的要求：有合理性、层次性、多样性、实效性，不留机械性、重复性、随意性的作业。要求所有学科的作业统一记录在表格中，利于班主任统筹协调，利于学生计划安排。

学生作业记录表如下所示：

日期：（　）月（　）日　星期（　）			
科目	数学	语文	英语	其他
内容				
所用时间				
教师留言：				
家长签字或留言：				

各班根据自己班的想法对上表进行了设计，例如"学生作业记录表"改为"学习服务站"，"所用时间"改为"效率计量器"，教师、家长留言改为"温馨指示牌"。还有的班根据自我需求安排了其他内容，如"个性显示屏""心情调色板"等，供学生用色彩、图画记录自己的心情。

记录作业所用时间，利于家长、教师通过用时的多少，初步诊断学生的学习问题，便于调整所学内容，进行适当的评价指导，有助于提高学生多方面的学习能力，使之成为改进学习习惯、提高学习效率的加速器。正如家长留言所说："最大的改变是学习态度，帮助培养孩子踏实做事的好习惯。"

三、巧用"加减乘除"

（一）作业内容多"加法"，提升学生能力

新课程作业设计应努力做好"加法"，开放内容，实现课内外联系，校内外沟通，学科间融合。

一是"课内＋课外"。例如，学了《草船借箭》《赤壁之战》，可引导学生读《三国演义》；学了《新型玻璃》，可让学生通过查阅资料知道玻璃的作用和特点。

二是"学科＋学科"。各学科作业设计可以结合起来，拓展学生的知识

视野，培养学生的综合素质，如漫画体现中国成语故事等。

三是"学习+实践"。我们大胆地进行综合实践课的研究，引导学生研究中华优秀传统文化。例如，课前学生走进北京胡同、四合院，了解民居文化，品尝美味小吃，制作风筝、剪纸等。这样既丰富了学生的生活，又让学生感受到了祖国传统文化的博大精深，提高了学生的文化素养。学生喜欢这样的作业，并乐在其中。

（二）弹性安排作业"减法"，发展学生个性

一是减作业量。作业量分层即根据学生情况提出不同量的作业要求。对学习能力强、态度认真、知识掌握较快的学生，可适当减少作业，甚至不留作业；对于学习能力薄弱、自控能力差、知识掌握不够牢固的学生，可适当布置一定量的作业。这样可以让学有余力的学生获得更大的自由发展空间，基础弱的学生又能保底，所有学生都能得到充分发展。

二是减作业难度。各科教师会根据当天所授课内容，对书本上的作业进行整合和难易程度分析，对一些难度系数大的题目进行减免，有针对性地为学生布置作业。

三是减规定作业。教师应针对每个学生接受能力和学习兴趣的差异，减少"规定作业"，给学生留足空间，让学生自己控制、自我安排。这种方式在中高年级更为可行。学生自己布置作业能感受到老师的信任，有更高的自我成就感。

（三）丰富作业形式用"乘法"，培养学生兴趣

设计多样化的、富有趣味的作业形式，让学生根据自身的兴趣、需要选择适合自己的作业，能提高作业的针对性和实效性。

一是趣味横生的预习作业。如在学习课文《将相和》前，学生先行观看京剧《将相和》，了解人物特点和故事背景，激发学习兴趣，在完成作业的过程中获得满足与快乐。

二是积淀文化底蕴的积累作业。为了丰富学生古诗文词句储存量，提高鉴赏能力，丰厚文化积淀，我们让学生积累各类古诗文词句，让学生在不断地积累中感悟祖国文化的博大精深。

三是丰富语言的练笔作业。同样是学习《将相和》，我们为学生创设写话情境，引导学生进行角色体验："当看到将相和好之后，如果你是赵王，或是秦王，又或许是赵国的百姓，你会怎么说？"以此激发练笔的兴趣。在此过程中学生对课文进一步思考，思维能力、写作能力得到有效培养。

（四）研究型复习课靠"除法"，尊重学生自主

学生到了高年级，我们鼓励学生对单元知识点进行整理，建立知识框架，找到知识点之间的联系，对易错点进行梳理，变被动学习为主动学习。这对学习兴趣的培养、能力的养成非常有效。

通过以上减负增效的改革和创新，我们保持了具有美育特色的校园文化，锻造出了一流的师资队伍，培养出了全面发展的学生群体，有力地促进了学校的内涵发展。

点击学生阅读盲点，提高学生阅读能力
——小学语文阅读教学实效性探讨

"盲点"是视网膜上的一点，和黄斑相邻，因没有感光细胞，不能接受光的刺激，物体的影像落在这一点上不能引起视觉，所以叫盲点。盲点是现实存在，是不受外界刺激影响的一个空间，是视觉上的一个死角。

同样，学生在语文学习中经常会遇到困难，尤其对一些问题不理解、不明白、不懂，但又没引起自己或老师的注意，于是在学习中常常会出现头脑"死机"状态。语文学习中这种状态虽与盲点有着本质的区别，但笔者还想在此借用"盲点"的概念，来说说学生在语文学习中遇到的障碍。

什么是小学生的阅读盲点？我们认为是指学生阅读文章时的困惑、疑问、蓄积待发之处。这些疑虑造成了学生阅读的某种障碍，阻碍其顺利掌握新知识、形成新能力。作为教师，我们对这一实际问题决不能视而不见，一味按自己的思维习惯去传授教材，要真正去关注学生阅读盲点，运用切中要害的巧妙方法，真正提高教学实效性！

一、了解学生学习盲点，真正"以学定教"

学生是阅读教学的对象，教师在备课时一定要了解学生实际情况，充分估计到学生阅读盲点问题。教师凭借主观认为学生应该懂的知识，教学时一般不会重视。上课时，一味按自己的现成教案授课，必然会忽视学生的知识缺陷，效果肯定不理想。如何了解学生阅读盲点呢？途径其实很多，如根据教学经验、批改作业、与学生交谈辅导、收集学生学习反馈、考试测评等。

在教学中，只有全面细致地了解学生，知道他们的需求、他们的难处与知识盲点，采取切实可行的教学方法与策略，才是真正意义上的"以学定教"，课堂的实效性才显现出来。

二、激活学生思维，多元解读思辨

长期以来，在许多课堂上，教师事先准备好标准答案，提出问题后便步步引导，实际上是设好"陷阱"，引诱学生往里跳，直至最后"异口同声"才肯"鸣金收兵"。正是鉴于以往的课堂教学漠视学生的主体性和个性差异，新课程是将实现学生充分的、有个性化的发展放到了突出的地位，强调注重个体差异，允许学生从不同的角度来认识问题，采用不同的方式来表达自己的想法，用不同的知识与方法来解决问题，鼓励解决问题策略的多样化，以实现多元化、个性化的学习。

例如教学《买小狗的小孩》时，引导学生真正理解孩子为什么说出这些语言，突破课文难点："到底一百元买一只小瘸狗值不值？"明白小男孩正直善良、自尊自强的美好心灵；思考深刻的社会问题"应该如何对待有残疾的生命"；尊重自尊自强的残疾人。为了遵循学生的认知规律，在此环节教师做了这样的安排：先引导学生针对男孩与老板的不同观点进行质疑；接着鼓励学生默读课文，从书中批画出支持自己观点的依据；然后分小组进行讨论，交流论据；之后点拨辩论的方法、要求，自由阐述双方的观点；最后全班共同归纳双方的观点，运用多种读的形式感悟课文内涵，利用动画演示小瘸狗的艰难，利用课外资料开阔视野，理解残疾人的自强不息，提升学生的认知。

这样设计的目的在于深入挖掘人物重点语言，使学生在动脑、动口、动笔中，解决难点。学生在讨论、辩论的过程中，相互启发。真正做到了动笔批画、动脑思考、动口交流，在自然情景中进行了听、说训练。辩论花100元买一只小瘸狗"值"与"不值"不是目的，引导学生深入思考人物语言、提升认知才是最终的目的。

与此同时，在教学中我们也应关注矫枉过正的现象：因为过于注重多元，学生对文本有很多种理解，有的甚至多到十几种。各执一词，众说纷纭。其中有的切中主旨、视角独特，有的却是牵强附会、浅尝辄止，甚至误读错解。而教师在此要么是"听其不语"，要么说些不着边际的赞赏之语。所以一堂课下来，学生满头雾水，最终是无果而终，课堂教学往往滑向失控的边缘。

三、开启生活体验，产生情感共鸣

心理学研究表明：人的认识活动与感情是紧密联系的。任何认识活动都是在一定的情感诱发下产生的。在教学中，我们要积极调动学生已有的生活体验，寻找与文中生活相似的体验，使学生的情感和作者的情感产生共鸣，进而更好地进行教学实践活动，这样往往会起到事半功倍的效果。

如学生在学习《挑山工》时，对"折尺形"的理解可能就是学习本课的一个盲点。教师们在备课时想到学生对"折尺"不了解，有的可能会找来实物让学生看一看，有的可能利用电脑绘制出清晰的折尺形让学生知道挑山工走的路线，但这样的路线比走直线要长出一倍，也许多数同学对此只有一个理性的认同、模糊的认识，而这又恰恰是学生不能真正与作者产生共鸣的关键。很多教师上完此课常常有学生距离作者情感较远的遗憾，殊不知，如果我们在课堂教学中激活了"折尺"，在了解"折"时更知"直"，让学生用三五根笔摆一摆，变一变，学生一定会对挑山工所走的路程留下深刻的印象，再看到结果是挑山工竟比游人早到达目的地，于是心中自然会有不解之谜。而当谜底解开后，所受到的启迪也会与作者一样长时间铭记在心。

（本文撰写于 2006 年）

习于智长，优于心成
——小学生学业质量综合评价研究

"习于智长，优与心成"选自南宋哲学家、理学集大成者朱熹所撰的《小学》，其意思是"践习可以促进智的增长，并化育成就为态度"。

2021年1月，全国教育大会在北京召开，给教育提出了五个方面需求：政治需求，量的需求，质的需求，文化需求，结构需求。面对新形势，应对新需求，关键是把握好"六个局"：全局、变局、格局、开局、布局、破局。

围绕教育"高质量"发展，东城区出台"双提升"计划：第一，全面提升教育综合质量。树立"教育质量是生命线"观念，坚持五育并举——立德树人、智育突破、体育赋能、美育协同、崇尚劳动。第二，全面提升队伍建设质量。坚持东城品格、首都标准，打造政治素质过硬、业务能力精湛、育人水平高超的高素质教师队伍。

和平里四小一直以来把"加强队伍建设，提升育人质量"作为学校工作的重点，关注学生全面发展的评价，关注学生学业成绩，发展学生多方面的潜能，发挥教育评价的教育功能，为教师专业化发展赋能。

一、学业质量综合评价方式的改革

学校全面落实市区"双减"的总目标，依据东城区小学生期末学业质量综合评价方案，开展低年级学业展示研究。

（一）学业展示的意义

美国心理学家埃里克说过："人要经历八个阶段的心理演变。其中第四阶段是 6 至 12 岁儿童所处的'勤奋感和自卑感'冲突的阶段。"对于学龄初期儿童来说，对他们影响最大的已经不是父母，而是同伴或邻居，尤其是学校中的教师。如果能得到成人的支持、帮助与赞扬，则能进一步加强儿童的勤奋感。学业展示就是帮助低年级学生体验成功的手段之一。

(二) 学业展示的方式

学业展示的方式符合当代先进教学的共同特点：以培育学生健康向上的心理品质为基础，以创造条件使学生不断获得学习成功机会为主要原则，以培养学生学习兴趣为主要手段。学业展示从制订实施方案、编制展示题、制作学生手册、布置展示现场、撰写并录制学业展示开场视频、协调人员安排、收集相关资料到行政会、组长会、考务会，做到有机制保障、管理细致、落实到位。

(三) 学业展示的效果

质量监测方式的改革带来的是评价方式的变革，评价是引导学生发展的重要引擎。学校组织了基于学科素养"共研、同思、求均衡发展，保质、增效、促素养提升"的学业展示活动，更好地体现出从关注一张试卷到关注学生的日常学习过程，从知识掌握到培养学生的学习习惯、方法、能力等学习品质的形成。可以看出，低年级日常教学重在一个"实"字，迎一个"新"字，思一个"变"字。在评价制度改革大潮下，确保"形式变而质量不掉"。低年级学生的学业展示既展示了一个学期的学习所得，又为中高年级的学习奠定了坚实基础。

二、学业质量综合评价方式的实施

(一) 教育综合质量提升的主渠道在哪里？

2021年7月，中共中央办公厅、国务院办公厅印发的《关于进一步减轻义务教育阶段学生作业负担和校外培训负担的意见》指出，减轻学生负担，根本之策在于全面提高学校教育教学质量（发挥学校主阵地作用）。减轻学生学业负担并不代表没有负担，因此减轻学生过重学业负担需要深入研究"减什么"，多样化探索"如何减"，关键是深化教育评价改革，变革教育教学方式，提高师资队伍水平，保障基本学业标准不降低。"双减"的出路在教育改革。华东师范大学教授钟启泉说过:"教育改革的核心在于课程改革,课程改革的核心在于课堂改革,课堂改革的核心在于教师的专业发展。"可见深化课程改革的突破点在课堂,提升育人质量的主阵地在课堂,推进育人模式的创新必然要聚焦课堂,而课堂教学改革的本质是学习方式的变革。

(二)通过什么样的手段促进学习方式的变革?

1. 优化课程观

每学期末进行的质量监测是义务教育质量监测项目中的一部分,监测是测过去、改当下,为了教育的未来更美好。教育质量监测已经成为"教育政策的航向灯、教育健康的体检仪、教育评价的刻度尺、教育生态的气象站、教育行为的红绿灯以及教育质量的助推器"。质量检测找到测量的尺子,提供专业的体检;数据分析会诊,找准自己的位置,寻找突破的口子——优化课程观。新课程观包括以下三个方面的内涵:儿童是课程的主体,生活世界是课程内容,学习活动方式以理解、体验、反思、探究和创造为根本。

2. 主体化学习

"双减"不仅要看到"减"字,更要看到背后的"加"字,需要教师提高对教材的解读能力,更加精准地把握重难点,做到作业设计精选、分层。好的作业设计体现出:少而精——基础性,分层的——精准性,弹性的——合理性,个性化——必要性。

现代教育提倡学习在窗外,他人即老师,世界是教材,老师是学生社会化学习的导游。学校各年级都会开展学科拓展与跨学科综合实践活动,从学生作品中可以感受到教师注重培养学生零距离接触社会、了解自然,打破"学科界限"。这种主体化学习的作业设计,让学生从已有知识的经验,向社会生活领域延伸,在知识的实践运用中,实现学科实践活动的整合与重构。

三、学业质量综合评价为教师专业发展赋能

(一)借平台展风采

在北京市教研部全学科视导活动中,学校开创了多个"最"——上课节次最多,教师分布最广,课程覆盖面最全。特级教师和众多专家走进教师们

的课堂，专业化的指导引领教师走在教育教学的前沿。此次活动既是教师展现自我的舞台，也是学生学习知识、不断成长的良机。

(二) 秀技艺寻增长

教育离不开教师，教师是教育根本，学科教师是教育教学中的最大变量。由多学科教师参与撰写的《习于智长，优与心成》教育随笔集正式出版发行，以多元化"路径"拓展教育教学广度。围绕"把学生放在正中央"教育理念，老师们深入地观察、实践、诠释、思考，从而获取改变创新的力量，享受教学研究的乐趣，品鉴课堂教学的滋味，寻求教学常规的章法，担当爱岗爱生的责任……撰写教育随笔的价值是发掘教师的实践智慧，以及这些经验和行为背后的教育思想、教育理论和教育信念，从而感悟教育的本质、规律和价值意义，而这正是教师专业发展相关的核心内容。

"习于智长，优与心成"，智慧的增长来自学习，美好的品行出自心灵。著名教育家顾明远先生说过："为每个学生提供适合的教育就是最好的教育。"学校教育的终极目标不是成功，而是学生成长过程导向的努力，这比结果导向的努力更能带来意想不到的收获。"习于智长，优与心成"，是基于小学生期末学业质量综合评价的研究，促使学校教育教学质量求"真"、至"优"、提"质"、出"彩"。

推进作业实践的四个转向

2021年7月，中共中央办公厅、国务院办公厅印发《关于进一步减轻义务教育阶段学生作业负担和校外培训负担的意见》，明确提出要"全面压减作业总量和时长，减轻学生过重作业负担"。要解决当前中小学作业量过多、质量不高、功能异化的问题，切实减轻学生作业负担，教师作为作业的设计者和评价者，必须实现四个转向，持续优化作业实践。

一、作业观转向：从"工具"到"发展"

很多教师认为，作业的主要目的是让学生通过复习和预习，强化对所学知识的掌握。事实上，对作业的这种理解窄化了作业的功能，直接影响了学生的发展。所以，减轻学生作业负担的基本前提是教师要树立正确的作业观——作业作为课堂教学活动的必要补充，其根本目的在于促进学生全面发展。

作业既要关注学生对具体学科知识的学习，比如小学语文的字词、初一生物的"细胞"概念等，又要强调学生学科思维方法的发展，如数学中的"图形结合"、高中历史的"史料分析"等。作业既要重视对学生树立正确价值观的积极影响，如让学生"挖掘"家风家训，又要关注对学生自我管理能力的培养，比如遇到作业难题时的自我鼓励、对完成作业的时间管理等。作业既要鼓励学生实践参与，如在制作豆腐过程中感受化学的作用等，更要重视学生创新能力的培养，比如有历史教师提出"在甲午海战中，如果中国海军足够强大的话，中国的历史进程会不会有所改变"的讨论等。作业作为学校课程的一部分，承担着重要的育人功能，它应该促进学生全面而丰富的发展。

二、作业分析转向：从"随意"到"严谨"

高质量的作业建立在教师深入分析的基础之上，但很多教师缺乏相应分析，布置作业比较随意，没有体现出对不同学生群体、学生不同能力类型和不同思维水平的关注。因此，优化作业实践必然要求教师以严谨的态度进行"三维"分析。

"一维"指向学生群体差异分析。学生的发展总是存在一定的差异性，教师要基于实践需求，对不同学生进行合理归类，以此为依据对作业难度、数量和类型进行恰当分层，使作业更具有选择性和针对性。比如，有的学校将作业分为巩固型、发展型、创新型，还有的学校探索"基础＋拓展""基础＋弹性""基础＋特色"等多种模式分层作业。分层作业设计，不仅要找准分层的依据，还要引导学生量力而行，选择与自己能力水平相当或者比自身水平略高的作业。

"二维"指向学生能力要素分析。培养全面发展的学生是学校教育的核心目标，所以教师在设计作业时，一定要打开思路，通过不同的作业方式促进学生的学习能力、交往能力、实践能力、创新能力等全面发展。例如，有的学校尝试设计动手操作型、趣味游戏型、活动展示型、积累练习型、研究记录型等不同类型作业。

"三维"指向学生思维水平分析。每个学生在完成作业的时候，思维都应该是持续的，由低向高逐渐递进的，而当前作业为人所诟病的是只强调重复记忆和机械训练。所以，教师在作业设计时不仅要关注学生的记忆和理解，还要重视分析和应用，更要强调评价和创造，不仅要把握一份作业不同问题之间的思维梯度，更要关注学生在完成作业过程中思维能力的呈现。

三、作业设计转向：从"割裂"到"整合"

当前学生作业负担重的一个重要原因是很多作业是割裂的，既缺乏学科内的前后呼应，又缺乏学科间的横向关联。当作业被简单地重复叠加时，作业量必然大，学生完成作业所需的时间必然长。要扭转这种现象，必须从整合的角度来设计作业。

瞻前顾后：作业是对课堂教学的延续和补充，是课程的重要内容。任何一门课程都有相互关联的知识体系，而不是一个个知识散点。因此，教师在设计作业时绝不能只针对某一课的学习，而应基于学科内不同知识的内在关联，通过作业实现学科内前后知识之间的综合运用。

左右关联：割裂的各学科作业无疑会加重学生负担，教师可以通过彼此之间的合作共同研究设计跨学科作业。这类作业的关键在于找准"整合点"，以此为基础设计恰当的问题情境，让学生在解决问题的过程中对不同学科知识进行提炼、整合。比如，有的英语教师设计的作业是让学生向外国友人介绍一首中国诗词。

知行合一：作业设计要与学生的现实生活结合起来。在真实情境中解决问题，才能让学生更好地运用所学，实现知识的迁移和创造。比如，有的生物教师让学生思考在家自行用药必须考虑哪些因素；有的化学教师鼓励学生在家试酿米酒，让学生更好地理解酵母菌在无氧条件下如何进行糖酵解代谢，将葡萄糖分解为酒精和二氧化碳。

与时俱进：一方面，作业要在内容上关注社会热点和发展需要，比如高中历史作业"结合春秋战国时期的诸子百家思想分析我国抗'疫'成功的思想根源"；另一方面，作业要重视信息技术的应用，精准分析，打破时空界限，让作业发挥更大作用，比如有的区域探索设计智能作业，以网络学习空间为纽带构建智慧学堂，优化作业推送和批改。

四、作业评价转向：从"判断"到"增值"

评价是作业实践的重要组成部分，对学生的学和教师的教具有重要的促进作用。但当前作业评价往往被简单地等同于作业批改，仅限于评判学生是否完成作业及其对错情况，其"增值"作用未能充分体现。

第一，作业评价的判断要"准"。首先，判断要及时，否则会因为时间过长而影响对学生学习判断的准确性。其次，判断的依据要全面：既重视"错题"，又关注作业中"正确"或者"精彩"的回答；既基于学生某一次作业进行判断，又关注学生一段时间内多次的作业情况；既要根据学生作业进行判断，还要结合课堂内外师生交流的情况来把握。最后，判断的标准要多元，既要明确学生在知识体系上的漏洞，又要分析学生思维方法上的不足，还要把握学生学习的态度。

第二，作业评价的挖掘要"深"。教师要基于对学生作业的判断，深入分析其根源，找到改进学生学习的"关键点"。方法上，教师可以通过对学生的观察，或者让学生自己讲讲"我是怎么想的"，以此来了解学生具体的思维过程。在内容上，一是指向学生的学习，追根溯源时切忌"就题说题"，而应全面分析学生的学科知识体系、学科思维方法、学习策略和学习态度，进而明确其改进方向；二是指向教师的教学，教师要基于对学生作业的判断，思考"我应该怎么教更合适"，以此明确教育教学实践改进的方向。

第三，作业评价的跟踪要"久"。教师应对学生作业进行持续的跟踪和关注，不仅要看学生作业中的错误是否已改正，更重要的是关注学生的知识体系、思维方法、学习态度和策略是否得到优化。同时，教师也应该在调整自己的教学过程中进一步反思，"我这样调整之后是否有助于学生更好地理解"等。只有长久、持续地跟踪和关注，才能真正实现学生作业的发展功能。

让校本化作业成为减负增效的助推器

一、丰富作业形式，使之成为学生自主学习的直通快车

(一) 趣味型当日作业，提高学生学习的实效性

为丰富学生古诗文和词语的储存量，提高鉴赏能力，丰厚文化积淀，教师让学生积累各类古诗文词句。学校中年级学生开始有自己的"采蜜集"，学生进行小组内循环，每天一名同学进行"采蜜"，学生兴趣盎然，在不断地积累中感悟祖国文化的博大精深。六年级教师布置了趣味横生的预习作业——在学习课文《将相和》前，学生先行观看京剧《将相和》了解人物特点，丰厚故事背景的了解，以激发学生兴趣，在完成作业的过程中获得满足与快乐。

(二) 自主型单元作业，发挥学生的学习主动性

教师应针对每个学生的接受能力和学习兴趣的差异，减少"规定作业"，给学生留足空间，让其自己控制、自己布置作业。这种方式在中高年级更为可行。学生自己布置作业能感受到教师的信任，能更好地发挥学习主动性。

三年级下册　1—3课基础知识自主作业

姓名：_____　完成时间：（　）分钟

一、我要提醒你容易错的读音，请选择正确的画"√"。

　　似（shì sì）的

二、我要提醒你容易混淆的形近字。

增（　　）____（　　）____（　　）____（　　）____（　　）

曾（　　）____（　　）____（　　）____（　　）____（　　）

三、我找到的多音字。

　　　　quan（　　）　　（　　）　　（　　）

圈　juan（　　）____（　　）____（　　）

四、1—3课语文作业中曾经出现的错字，我要多写几遍记住它们。

1. 燕子　燕子　　2.

五、古诗你会默写了吗？自己练一练。

（三）研究型复习作业，提升学生的学习能力

到了高年级以后，我们会鼓励学生对单元知识点进行整理，建立知识框架，找到知识点之间的关系，并对易错点进行梳理，变被动学习为主动学习，这样对学生学习兴趣的培养和能力的养成非常有效。比如，圆柱、圆锥的复习。有的学生用列表法复习圆柱、圆锥的组成、特征及计算。

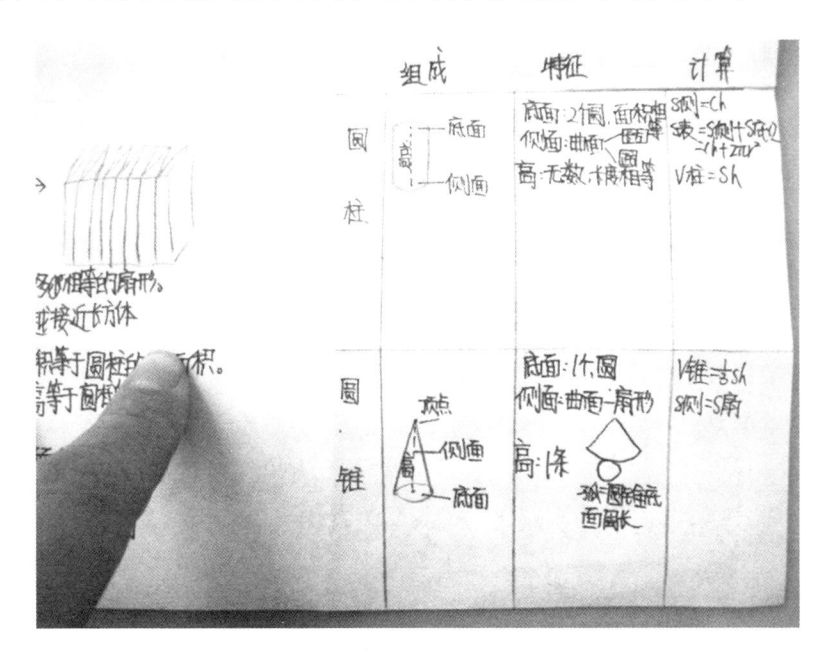

二、拓展作业内容，使之成为学生健康成长的加油站

我们总在思考，有没有更好的措施把学生从沉重的家庭课业负担中拯救出来，让孩子们有更多的时间锻炼？学生的体质水平如何评价？怎样进行科学训练达到理想的锻炼效果？学校、班级、教师、家长如何密切配合才能有效地引导学生开展体质锻炼，为学生后续的生活、学习、发展注入活力？我们尝试通过拓展作业内容——填写《和平里第四小学"体育之星"活动手册》，评比和平里四小的"体育之星""健康之星"，关注每一个成长的生命，助推学生、学校的可持续发展。这本手册师生人手一份，内容共计22页，涵盖了不同年级男女生体育达标的国家标准，学生每天进行的体能训练项目及相应的完成等级，家长的监督评价指标，还有体育训练相关知识。这本手册填补了学校"体育锻炼一小时"工作没有训练手册和评价体系的空白。由于这本手册的评价体系较为科学、完整，评价内容较为全面、翔实，将学生体能自我诊断、家长的指标诊断和教师的科学指导密切结合，使体能测试不再是雾里看花，而是清清楚楚、便于操作，同时还激发了学生锻炼的积极性。

作业的设计是课堂教学的有益延伸,是教师教学工作的基本环节,是巩固新知识、培养学生的思维能力、发展智力的重要途径;同时,也是培养学生运用知识,养成良好学习习惯的重要手段。学校在作业设计中体现了趣味性、实效性、生活化等几个特点,充分调动了学生的学习积极性,收到了事半功倍的效果。可以说,校本化作业成为减负增效的助推器。

数智技术赋能"小美云+"的新型教学模式实践

随着人工智能、大数据、5G、"互联网+"、AR/VR等技术的快速发展,人们的学习、生活、工作方式不断发生改变,不仅为教与学的变革和创新带来了前所未有的机遇和可能,也给教育教学带来了巨大的冲击。

教育信息化是在教育信息领域,全面深入运用现代信息技术来促进教育改革与发展的过程,是促进教育现代化、改进传统教学模式的重要途径,其技术特点是数字化、网络化、智能化、多媒体化。教育数字化转型是当前教育改革实践中的热点,也是未来教育创新变革的发展趋势。

2017年7月,国务院印发的《新一代人工智能发展规划》中指出,要加快人工智能在教育中的创新应用,为学习者提供个性化、多元化、高品质的服务。利用智能技术加快推动人才培养模式、教学方法的改革,构建包含智能学习、交互式学习的新型教育体系。

2018年4月,教育部印发《教育信息化2.0行动计划》,提出要促进教育信息化从融合应用向创新发展的高阶演进,信息技术和智能技术深度融入教育全过程,推动改进教学、优化管理、提升绩效。

2020年2月,北京市教育委员会发出《关于疫情防控期间以信息化支持教育教学工作的通知》,要求各区、学校加强组织领导,切实落实线上教育教学活动的各项措施。

2021年9月,《教育部关于实施第二批人工智能助推教师队伍建设试点工作的通知》指出:要着力推进师生应用智能助手(平台、系统、资源、工具等),促进教学方式和学习方式改革,为教师减负和赋能;要着力依托智能教育平台系统，探索推进人人协同、人机协同的"双师课堂"，解决区域、学校、城乡教育不均衡的难题，探索缓解教师编制供给不足的新路径；要利用平台系统，提升教师作业设计和点评能力，减轻学生作业负担。

2022年4月，教育部印发了义务教育课程方案和语文等学科16个课程标准，《义务教育课程方案（2022年版）》在基本原则中强调"积极探索新技术背景下学习环境与方式的变革"。

在上述背景下，和平里四小构建了"6＋N"美育进行时云端课程，开启了"数智技术赋能'小美云＋'新型教学模式"的实践研究之旅。

一、突出五育并举，升级"小美云＋"课程超市

2020年，面对疫情，学校构建了"6＋N"美育进行时云端课程，其中"6"指的是六大板块：文化积淀小讲堂、生活劳动小能手、科学探究小实验、心理健康小沙龙、体育健康小达人、卫生常识小讲座。"N"是鼓励学生自由选择个性化活动，如书法绘画、音乐欣赏、烘焙制作……学校的云平台微课程建设给居家教与学提供了强有力的支撑，秉承着学校"以美育美"的育人理念。

2021年，云端课堂改版升级，开启"小美云"课堂，以课程超市的形式每天向全体学生推送更新，为学生提供了广阔的自主学习空间。

"小美云"课程体系包括：塑造美的心灵——美育课程；探秘美的世界——科学探索课程；提升美的鉴赏——艺术创作课程；绽放美的体魄——体育健康课程；参与美的实践——动手实践课程；发现美的生活——综合应用课程。

"小美云"课程注重构建课程资源的系列化、系统化和逻辑性。例如，信息科技教师开发了"编程巧解古算趣题"系列课程——"蜗牛爬树""百钱百鸡""浮屠增级""孔明统兵""李白沽酒"等，以感悟中国民间传统数学题；还开发了对接生活、提升信息素养的课程——"神奇的二维码""买东西的学问""电子健康证"等，以感悟信息时代的科技发展。

美术教师开发了"传承吉祥文化"系列课程——"青花瓷""吉祥扇子"

"民俗节日""鞋子的故事""儿童版画"等,以"传统文化"为载体,带领学生进行扇面、青花瓷瓶的绘制,吉祥文字的书写,让孩子们真正走进吉祥文化的美学世界。

劳动教师开发了"舌尖上的味道"系列课程——"传统节日话美食""小吃文化""特色拿手菜",以及"居家本领我能行"系列课程——"收纳小能人""花朵装点生活""手工缝纫技法""扣子的秘密"等,让孩子们学习贴近生活的劳动技能,从实践中体会幸福要靠双手创造。

"小美云"课程超市为了适合学生成长发展的需求和社会生活的时代特点,不断地开发拓展,组建"小美成长营",设置云端书社、科学馆、博物馆、健身馆、心理馆、生活馆、传统文化馆……促进多元主体参与,丰富美育课程内容领域,达成家校社协同、"三位一体"的云端课程开放性、时代性的共育生态模式,真正服务于学生的成长,促进学生的全面发展。

走进"小美云"课程超市,就如同到超市购物一样,强调综合性和实践性,关注课程的趣味性和探究性。"小美云"课堂既有着重培养学生拥有健康身心、温润心灵的课程,又有侧重培养学生科学思维、动手实践和解决问题能力的内容;既基于教材知识、能力培养的要求,又注重与学生生活实际紧密联系;既教会学生学习,更教会学生生活。在多学科融合、跨学科主题学习中,多样的活动为学生搭设交流发现、展示才能与收获的平台,让学生在云端相聚的活动中大胆参与、相互学习、激发潜能、建立自信、体验乐趣,不断地促进自我成长、自我超越。

二、聚焦"立德树人",创建"小美云+"德育活动

(一)"小美云+"德育主题活动,促品质行为习惯养成

学校充分利用"小美云"课程超市,创新德育课程形式,实践新形势下的线上育人方式,关注学生身心健康,培养学生健康的人格、积极的心理品质和良好的行为习惯,促进学生全面发展。

二年级学生即将加入少先队,老师们精心设计"光荣的少先队""我爱

红领巾"课程，充分发挥党支部、团支部、少先队的政治战斗堡垒作用，通过云端升旗仪式、少先队微队课、校园电视台、红领巾广播站、班队会，以及结合重要节日或纪念日开展多样的主题教育活动等，向学生传播正能量，展现积极进取的精神风貌，丰富学生生活，构建学校、家庭、社会一体化协同共育新阵地，充分发挥云端德育的育人作用。

（二）"小美云+"心理主题活动，让温馨陪伴共情润心

学校通过推出云端智慧父母成长营、个体辅导、温馨陪伴、心理直播讲座、心理微课等线上体验式、互动式主题活动，面向学生、家长、教师等不同群体，打破时空界限，营造独立放松的情绪释放空间。通过共情、沟通、倾听、体验等多样形式，帮助服务对象掌握时间管理方法，建立良好亲子关系，营造和谐家庭氛围，舒缓特殊时期心理焦虑情绪和压力，学习情绪管理方法，提高自我认识，克服职业倦怠，积极参与心态建设……云端共情，以心润心，促进学生、家长、教师的共成长。

三、设计探究任务，探索"小美云+"项目式学习

"小美云"课堂教师要重视生活情境的创设，唤起学生学习的需要，激发学生主动参与的兴趣。一个好的贯穿教学内容和学科任务的情境，能引导学生围绕学科的解决任务，更好地丰富和拓展学科的认知空间。"小美云"课堂的教师将学习中的关键问题转化成学生的任务型问题，在探究性任务中引导学生发现新的问题，展开思维与认知的碰撞，进而构建新的知识结构，提升学生的综合素养。

例如，科学教师设计的"生命教育"主题式项目学习——导引课中通过"我们一起种大蒜"的微课设置了三个任务：了解栽培的方法；做好大蒜的生长观察记录；发现生活中多样的生命活动。教师以大蒜这一生活中常见事物的种植构建生活情境，赋予学生学习任务，引导学生用爱心去浇灌培植，用耐心去观察记录，用细心感悟生命价值。在这样的任务学习中，学生基于阶梯推进的探究任务：在"了解栽培的方法"任务中，开展了线上交流活动，畅谈自己的种植经历和经验。如从选择种植的方法入手，设想遇到的各

种困难：水培大蒜不好固定怎么办？大蒜不好去皮怎么办？又或者讨论水培和土培种植中的注意事项。学生们进行了"有光""无光"种植实验，交流了其中的原理。"做好大蒜的生长观察记录"任务主要是设计观察记录单。学生可以采用实验报告记录表格、图文结合绘本小故事、图解、观察小日记等方式进行记录，教师也可以参与其中，与学生分享种植的点点滴滴。在"发现生活中多样的生命活动"任务中，师生共同探寻生命的意义，感受生命的蓬勃生机。

同时，"小美云"课程超市的课程学习任务明确，为学生个性化的学习提供了多维选择空间。例如基于学段年龄特点和认知水平，我们推出了"小种子有'梦想'""创意泡泡""水的表面张力""保护环境　爱护野生动物""辘轳和井""重心游戏"等课程，深受学生的喜爱。

四、根植传统文化，打造"小美云＋"特色校本课程

学校坚持以美育人、以文化人，将培育和践行社会主义核心价值观融入美育教学和实践活动全过程，根植于中华优秀传统文化深厚土壤，将中华优秀传统文化全方位、多角度融入"小美云"课程超市，打造"小美云＋"特色校本课程。

例如，道德与法治教师开设的二十四节气系列课程，从清明节开始，引领学生学习二十四节气知识，学习每个节气物候现象、节气文化、风俗习惯、民间餐饮文化、养生保健的建议，从认识节气到学习文化，再到挖掘节气中隐含的红色记忆、新时代的元素，让学生领略中国华夏民族祖先独有的智慧。

而在六年级学生中则开展了"童眼探故宫"的主题综合实践微课程。学生通过读故宫、谈故宫、收集故宫的资料，掀起了一股"故宫热"。在"数字博物馆"课程中，学生了解故宫的历史，零距离与国宝接触并360度地欣赏；"一窗一世界""探秘紫禁城屋顶的奥秘"等课程，给予学生故宫文创设计、制作窗棂模型、屋顶造型手工作品等任务，在参与式体验、浸润式课程中理解传统文化的传承与创新，感受故宫的美与魅力。

五、建立云端评价模式，优化"小美云+"教学模式

"云端课程"的学业监控评价既是课程设计和实施的终点，又是教学模式改进、继续向前发展的起点。学校设立了"班级小管家"小程序，在这个平台上学科教师可以发布"小美云"课堂学习任务，学生可以通过上传图片、语音、视频等，实现一对一的指导评价，包括语音留言激励性评价、文字指导性评价、表情符号的情感评价……在班级的学习圈中，学生自己进行课程作业展示，相互交流，生生互促。教师的评价立足于学生的发展性学习，注重过程性评价。

"小美云"课程超市是学校优质教学资源共享平台，教师主动推送学习资源，微课程近500余节，展示3000段学生汇报、作品等内容，访问量达5万余次，这些数字的背后凝聚着教师们对美育的思考与探索。丰富多元的课程吸引着学生主动参与，自主选择适合自己需求的课程。

数智技术赋能的"小美云+"新型教学模式取得了一系列成果，并在2022年荣获北京教科院基教研中心"新技术赋能教研和教学高质量发展"典型案例奖。

第五章　以学生为本的第二课堂建设

以美促全，发展学生的个性特长

教育要跟上时代的发展，就必须站在新世纪对人才的需要这一高度实施超前教育，以学生的发展为本，教他们学会做人、学会求知、学会创造。教育目光必须投向课外第二课堂，以百倍的情怀关注孩子们的课外活动。俗话说，课内打基础，课外出人才。课内、课外是实施素质教育的和声二重奏，是塑造一个完美的人的两只巧手。课外活动是学生校内生活的有机组成部分，是课堂教学的补充、扩大和延伸。开展丰富多彩的课外活动，在开阔学生视野、树立审美意识等方面有着得天独厚的教育功能。这正是我们十几年来坚持举办艺术节的缘由。

在每年两届的艺术节上，学校紧紧抓住社会发展形势的脉搏，以爱国主义教育培养民族自信心、自豪感为核心，精心策划，选定教育主题。我们面向全体学生，动员全员参与。儿童艺术活动的意义不单单在于他们画得好不好、演得像不像，更重要的是他们整个的创作、参与过程——在整个过程中是不是处在主体的地位，是不是禁不住自己的感情和冲动全身心地投入，从活动中感受到快乐和满足。在为时一个月的准备阶段中，孩子们在教育主题的感召和吸引下纷纷走出课堂，翻阅资料，调查访问，商讨创意，编写排练。我们非常看重这一过程，把准备阶段作为教育的重点，视为艺术节的"生长期"。在这一时期，孩子们的感情最为投入。为了在艺术节上拿出自己的杰作，展示自我，他们精心准备，在社会实践中不断发展自己的思维，在动手动脑的实践活动中潜在智能得到开发，感情生活得到充实。例如，我们在举办第六届书画艺术节时确定的主题是"创造美的生活"，其教育目的是培养学生用自己的双手通过智慧和劳动去美化自己的生活，提高自理、自主的能力，在创造美的生活的同时培养热爱生活的感情，增强审美意识。同学们纷纷行动，画装饰画，写对联和条幅，设计、制作服装，制作小花帽，扎染头巾、手绢，收集花石头做盆景，等等。两千多平方米的操场上挂满了孩子们的绘画、手工制作、泥塑、书法、摄影等工艺作品，一千五百多颗童心和三千多件作品交融成学校艺术的海洋。

10月13日是少先队建队纪念日，学校每年在这一天举办小孔雀歌舞节。在小孔雀歌舞节的晚会上，孩子们的歌声、乐器演奏的旋律，伴随着轻盈欢快的舞姿，还有情感奔放的诗歌朗诵和幽默有趣的小品剧，汇集成欢乐的童年交响曲。在夜幕的衬托下，一把把燃烧的火炬在场内游动，熊熊燃烧的篝火映照着张张笑脸，冉冉升起的孔明灯展示着孩子们对科技的迷恋和对自然星空的向往。孩子们蹦啊，跳啊，欢呼啊，脸上洋溢着发自内心的喜悦。每当看到他们真挚的笑脸，教师们就会感到美育进入了孩子们心田的成就感。这样的有意义的活动不仅仅吸引着场内的孩子们，而且吸引着数百名毕业生和家长到校观看，学校成了师生和家长欢乐的海洋。这种有利于学生发展的活动得到了新闻媒体的关注，北京电视台、北京广播电台、中国教育报、北京日报、现代教育报等新闻单位先后报道过我们艺术节的盛况。丰富多彩的教育活动开阔了学生的视野，培养了其创造精神，增强了实践能力，开发了智慧。有艺术潜能的学生在一次次的活动中发展着个性特长，一批批有绘画、舞蹈、歌唱、表演才能的艺术人才脱颖而出。学校的艺术节深深地吸引着孩子们的心，使他们在紧张的课堂学习之余获得积极的休息，提高了学习效率，减少了心理压力，有效地促进了他们的身心健康，使他们感受到童年生活的美好和快乐。学校课外活动的蓬勃开展，一届届艺术节的成功举办，使学校生机勃勃，充满了活力，教育质量不断提高，名校效应在社会上产生了深远的影响。

学校举办艺术节历时十几年，经久不衰，越办越红火，不但在校内办，还组织全体学生走出了校门。1999年"六一"儿童节，在北京石景山游乐园参加了"首届首都校园风采博览会"。我们的艺术节一亮相就受到了社会各界的赞扬，轰动了整个博览会，其原因就是我们组织的艺术活动使孩子们不断地受到艺术美的熏陶，提高了他们的艺术鉴赏力和审美品位，具有较高的审美教育价值。例如在"我为祖国添一片绿"竞赛中，《我眼中的雁栖湖》《地球日》百米巨作，《首都新貌》《二十一世纪的家园》《母亲、和平》等画作，让我们发出了惊叹、感慨。这些不仅仅是画卷，还是学生更深层次的新境界的展现。学生耳濡目染，学会了到自然界去观察美，到社会生活中去发现美，用自己的双手去表现美、创造美。从课内到课外，从美术课到其他学科，学校从不同角度、不同方面对学生进行美育。美育既不是美术课的独奏，也不是美术课、音乐课的二重奏，而是各个学科共同创造的美的交响乐。

学校十几年来以美治校、以美育德、以美启智、以美促全，努力推进素质教育，取得了丰硕的成果。胡明亮老师2001年11月在首届"子恺杯"全国漫画大赛中，获"优秀园丁奖"；2001年8月在第六届华文教育论坛暨教育家成就颁奖会上，他的《漫画进课堂，让美育之花盛开》一文获特等奖。胡明亮、汪洋两位老师曾荣获"北京市中小学优秀美术教师"称号。2001年，学校教师有130人次在各种比赛中获奖。2002年，学校被评为"全国唯一一所儿童漫画教学基地"。另外，学校还获得了北京市"美育工作先进集体"称号，已成为市区有名的美育特色校。

学校还经常参加国际儿童绘画艺术交流活动，曾和中国美术馆、日本国驻华大使馆联合举办了"中国儿童书画、手工作品联展"，先后有一百三十多幅儿童画送往美国、日本及亚太地区展出。学校接待了美国、英国、日本、比利时、瑞典等国的一百多位国际友人到校参观访问。

目前，学校已形成教师人人抓美育、学生个个爱美术、学校处处是画展的儿童艺术天堂，美术特长生不断涌现。近几年来，学生参加国际、全国、北京市各类美术比赛屡获佳绩，数百幅画作在各种报刊上发表，近千名学生先后参加了社会各界组织的公益绘画活动。学校的美育办学特色已使学校成为培养新世纪艺术人才的摇篮。

（本文撰写于 2003 年）

和平里四小综合实践课程建设的思考与探索

一、综合实践课程建设的时代背景与现实基础

（一）时代背景：综合实践课程是国家课程改革的趋势与政策要求

综合实践课程是我国课程改革和教育改革的重要关注。2007年，《中小学生综合实践活动实施意见》颁布，对相关课时、师资、课程以及学生培养做出比较明确的规定。2015年7月，北京市教育委员会颁布《北京市实施教育部〈义务教育课程设置实验方案〉的课程计划（修订）》，明确要求中小学各学科平均应有不低于10%的课时用于开展校内外综合实践活动课程。2017年9月，教育部颁布《中小学综合实践活动课程指导纲要》，指出要"坚持教育与生产劳动、社会实践相结合，引导学生深入理解和践行社会主义核心价值观，充分发挥中小学综合实践活动课程在立德树人中的重要作用"。由此可见，综合实践课程建设是国家课程改革的趋势之一，是国家层面提升学生核心素养，落实立德树人根本任务的举措之一。

（二）现实基础："以美育美"课程体系建构与综合实践课程尝试

学校综合实践课程的体系建设有赖于"以美育美"总体课程的设计。我们提出"以美育美"的办学理念，开发具有美育特征的校本课程，唤醒人内心对美的向往和追求，激发出人潜在的美的优势，尽显人的自由品格，展示人的生命活力和创造性，达到人自身的和谐、人与人的和谐、人与环境的和

谐、环境与环境等各种和谐，将"明理、优雅、勤勉、向上，全面发展、学有所长"定为学校的育人目标。

依托育人目标，学校构建了"以美育美"课程体系，并逐步将美的教育渗透到教师工作的方方面面，形成了鲜明的办学特色，推动了资源带工作的全面提升。

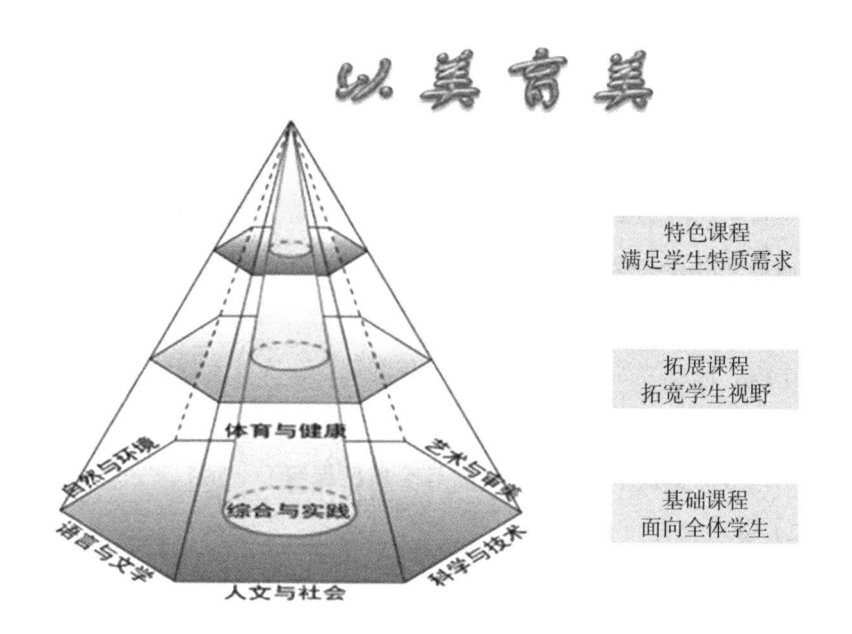

以美育美

特色课程
满足学生特质需求

拓展课程
拓宽学生视野

基础课程
面向全体学生

体育与健康　艺术与审美
自然与环境　　　　综合与实践
语言与文学　　　　　科学与技术
人文与社会

"以美育美"办学理念涉及五个维度：以美养德、以美启智、以美健体、以美陶情、以美促劳。通过五育并举，切实落实立德树人根本任务。为了落实上述教育维度，我们将学生校内的学习同校外生活及其需要和兴趣紧密结合，关注学生终身发展的内在需要，着眼于学生个性的全面发展。

例如，"以美育美"课程类别包含：语言与文学、人文与社会、科学与技术、艺术与审美、体育与健康、综合与实践。然后每个类别中有三个系列：基础课程、拓展课程、特色课程。其中综合实践课程是我们深入探索与实施的核心。

学校开设综合实践课程有多年积淀。在过去的发展历程中，学校曾经面临缺教材、缺教师、缺课时的"三缺"危机。为解决上述问题，学校鼓励所有任课教师均是综合实践课教师,任何学科均可延伸课程的深度与广度,引导学生发现问题、探究问题,解决问题。经过十余年的持续探索,我们目前已经初步形成了体现学校特色的综合实践课程体系。

二、综合实践课程体系的基本构成

《中小学综合实践活动课程指导纲要》规定,小学阶段综合实践课程总体目标为价值体认、责任担当、问题解决和创意物化等。基于上述目标,结合相关政策,学校建构了六大综合实践课程体系。

(一)学科活动

在学科实践活动课程的开发和实施中,我们避免用学科的教学内容简单替代,而是突出其实践性、探究性,尽量依托参观、调研、制作、实验等形式,逐步形成了学科内综合以及跨学科的多主题、多层次(知识类、体验类、动手类、探究类等)的系列课程。依托课题研究,我们已经开发出"传统文化——走进荣宝斋""趣味数学——游戏中的数学""生命课程——大自然的礼物"等深受孩子们欢迎的学科综合实践课程。

(二)劳动教育

根据相关政策要求,我们在课程设置中,注重强化学生的劳动观念、弘扬劳动精神,强调将劳动观念和劳动精神教育贯穿人才培养全过程,贯穿家庭、学校、社会各方面。例如,我们邀请了同仁堂医生与孩子们共做紫云膏、山楂丸;结合园艺心理开设地坛种植和家庭种植等课程。在丰富多彩的劳动教育课程中,孩子们掌握了基本的劳动知识技能,在此过程中,同时领悟了劳动的意义价值,逐渐养成勤俭、奋斗、创新、奉献的劳动精神。

(三)校本课程

我们充分整合优质教育和社会资源开发校本综合实践课程。例如,依托学区国际职业学校资源,我们开设了"职业体验课程";与中国科学院鸟类研究组织合作,开设了走进自然、实地考察的"野外观鸟课程";发挥资源单位场地优势,与鸟巢奥林匹克中心、北辰高尔夫俱乐部联合开设"阳光体育跃动课程";联手中国农业科学院、地坛公园为学生开设了"中草药课程"。多元化主题的校本综合实践课程扩展了孩子们的视野,深受孩子们的喜爱。

(四) 跨学科课程

在当前教育改革中,构建跨学科和学科融合的课程,对于教与学变革和育人方式变革至关重要。跨学科课程是学生获得直接经验的过程,它关注的是学生面对真实世界时的真实体验和直接经验,与学生的社会生活相统合,帮助学生调动已学的书本知识。学校在全市展示的海洋课程、与教育学院项目组实施的"自行车里的学问"探究课程等均注重学生体验的整体性和综合性,在活动体验中体现了课程"可视化",有利于学生获得对世界完整的认识。

(五) 社会大课堂

学校依托东城区"社会大课堂""学院制""学区资源单位",让学生通过采用参观、访问、考察等方式走进各大博物馆、科技馆,将书本、课堂所学与参观、体验、实践密切结合,满足了2600余名学生的学习需求、个性发展。

为了让学生走近英雄模范、杰出人物,我们邀请了"北京榜样"李萌来讲述劳动者的故事,使学生深入了解和谐社会的建设情况。同时,中高年级开展了垃圾分类、绿色环保、节能调查、光盘行动等调查性活动,在活动中培养了学生的创新精神和解决实际问题的能力。

(六) 疫情期间的线上"6+N"综合实践课程

在2020年新冠疫情"停课不停学"时期,我们努力探索"互联网+"教育工作模式,推动综合实践课程与信息技术充分结合,开启了课程建设的新格局。我们以抗疫为教材,让孩子们与祖国共成长。学校开设了"6+N停课不停学"线上美育课程,将疫情防控变为特殊"教材"、别样"课堂",将丰富的学习领域与学生居家生活有机融合,让学生们感受到生命、信念、科学、道德教育、信息技术等领域的跨学科学习的不同样态,探索了综合实践课程的新模式。

三、综合实践课程体系建设的初步成效

（一）综合实践课程建设满足学生的发展需求

在"明理、优雅、勤勉、向上，全面发展、学有所长"育人目标的指导下，我们培养的学生是走向未来的人，应该有深厚的人文功底，扎实的科学素养，追求超越的创新精神。"以美育美"课程让教育和学习回归生活，体现学习的全部社会意义，以知识学习为本位转变为以核心素养为本，逐渐走向"深度学习"。

经过多年探索，学校综合实践课程建设也得到了学生和家长的认可。我们近期的调查发现：学生对于课程的多样性的肯定度达到98%；与四年前相比，对于教师授课方式的喜爱程度提升至86%；家长对于课程的实施效果满意度高达90%。通过综合实践课程的学习，学生不仅提升了文化知识，更是在思想品德、个性特长、关键能力、人格发展等方面得到了长足发展。

近年来，学校综合实践课程建设取得了可喜的成绩，学校每年定期举办主题鲜明的艺术节、书画节，使师生的个性和艺术才能得到充分展示。学校的管乐团、弦乐团、舞蹈团和戏剧团在每年的市区艺术活动中屡创佳绩；田径、排舞、篮球等项目在市、区运动会频传捷报；学校获得冬奥会和冬残奥会教育示范学校、首批"全国青少年校园篮球特色校"、北京市冰雪项目特色学校荣誉称号。

（二）综合实践课程建设助推教师专业发展

学校在课程建设过程中培养了一支思想先进、业务精良、务实创新、不懈追求的骨干教师队伍。我们从课题研究、课程展示、校本研发、论文获奖等方面进行了教师课程能力的数据统计（如下图所示）。

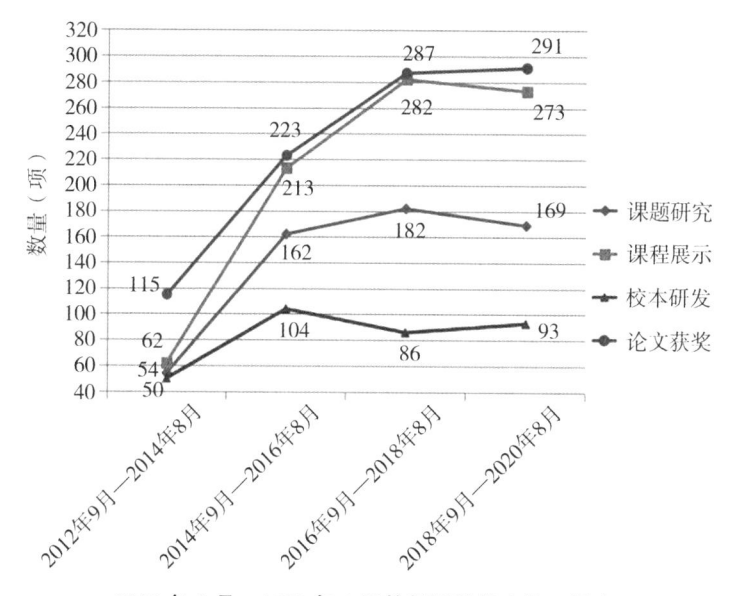

2012 年 9 月—2020 年 8 月教师课程能力情况调查

从上述调查可以看出：几年来学校教师课程研究能力得到了很大提升。教师不仅提升了课程建设的积极性和投入热情，更重要的是增强了进行课程开发与研究的意识。研究能力的不断提高，让学校课程建设充满活力。

近三年来，据不完全统计，学校各科教师承担国家级研究课 24 节、市级研究课 148 节、区级研究课 200 余节，多位教师撰写的有关美育的论文在各级各类活动中获奖或发表。现阶段，学校有市、区级的骨干教师、学科带头人 51 人，特级教师 4 名，高级教师 25 人，获评北京市优秀教师、师德标兵、"紫禁杯"优秀班主任 30 余人次。这些成绩的取得，奠基了学校丰厚的科研土壤，为全面、深入开展课程研究提供了可能。发掘教师潜能研发课程，精心打造丰富、多元、互动的"美育"课程，追求师与生、人与文、情与理、导与放、思与悟的丰富结合，让教师进入"学中研、研中教、教中学"的良性循环，让学校在长足发展的同时，亦促进了教师成长。

（三）综合实践课程完善提升学校的办学品质

"为者常成，行者常至，思者常达"，综合实践课程的建设与形成已经悄然影响了我们的学生和老师。

近年来，学校育人理念无声地浸润着师生的一言一行，推动了学校文化内涵的发展，在课程文化的建设中彰显教育智慧。学校多次与北京教科院基教研中心合作举办以"发展学生核心素养 促进学生健康发展"为核心的研讨会。学校每两年承办一次北京市学校美育专题研讨会，推广"以美育美"课程理念。校领导及教师代表组成的交流团多次走进我国云南腾冲、安徽阜阳、内蒙古化德、西藏拉萨、香港等地进行"以美育美"课程展示。校长出席了在美国伊利诺伊州芝加哥市举办的第45届美国双语教育协会（NABE）年会。

教育是事关国家发展和民族未来的千秋基业。党的十九届五中全会通过的《中共中央关于制定国民经济和社会发展第十四个五年规划和二〇三五年远景目标的建议》，明确了"建设高质量教育体系"的政策导向和重点要求。我们要全面准确地领会全会精神，认真贯彻，落实到位。站在"十四五"的起点上，我们沿着"实现人人皆学、处处能学、时时可学"的方向，将综合实践课程置于学校课程体系的核心位置。综合实践课程着力提升学生的人文素养，丰盈生命教育的内涵，铸就学生美好的未来！

和平里四小课后服务的实施与探索

一、确保全面，课后服务工作做到三全

第一，实现课后服务全面覆盖。即1—6年级有需求的学生全覆盖，周一至周五时段全覆盖。学校每天课后服务结束时间不早于17时30分；对有

特殊需要的学生,提供延时托管服务。

第二,实现课后服务全面推动。以体育锻炼为突破点,开展丰富多彩的科普、文体、艺术、劳动、阅读等综合素质拓展类活动,供学生自愿选择,切实增强课后服务的吸引力。

第三,实现课后服务质量全面提升。学校充分发挥育人主渠道作用,统筹校内校外教育资源,统筹课内课后两个时段,对学校教育教学安排进行整体规划,全面系统地构建学校育人生态。

二、充分整合校内外课程资源,满足学生需求

学校基于各年龄段学生的兴趣、爱好、需求,基于校内外教师资源建设,基于对学区内、外等社会资源的整合,为学生安排了形式多样、丰富多彩的课后服务课程,把课程内容、形式与课程方案设置、学生综合实践活动,以及"每天锻炼一小时"有机结合。

学校的课后服务工作实施,确保每个学生都"动起来""活起来",充分发挥学校教师、场地空间作用,为学生提供可供选择的多道"营养餐"。同时,保障孩子们能够利用学校时间完成作业,切实落实"双减"任务。

(一)体育锻炼(15:30—16:00)

此时段,学生均由校内教师进行管理,组织学生进行校内体锻,在保障"每天锻炼一小时"的基础上,组织学生进行广播体操、跑步、跳绳等体育锻炼活动。课后服务时间坚决禁止教师组织学生集体补课和讲授新课。

(二)课业辅导+多彩活动(16:00—17:30)

一是辅导学生认真完成作业,有针对性地辅导学习有困难的学生和学有余力的学生,让每个学生在校内都能够学得会、学得好、学得足。

二是每个年级都开设科普、文体、艺术、劳动等实践活动。为了保障学生的安全和课程质量,由校内、校外教师共同承担课程。凡校外人员担任课程的,均设置校内教师跟班,负责点名、放学、组织、班内卫生等工作。课程设置详见下表:

课程类别	课程内容				
体育实践	花样跳绳	体育游戏	武术	拼音棋	魔方
	中国象棋	国际象棋	国际跳棋	五子棋	
劳动艺术	刮画	动漫	衍纸	线描	剪纸
	泥塑	绘画	面塑	书法	创意制作
科学技术	科学故事	科学阅读	模型	益智游戏	数独
	科学制作	STM课程	大自然礼物	海洋科普	
其他	根据学生需求、课程资源情况进行补充和调整				

三是满足学有余力、学有特长的学生的多样需求，发展学校品牌社团，促进学生的全面发展。任课教师为校内外具有任课资质的人员，能够保障社团质量不断提升。社团内容涉及艺术、科技、体育等各个领域，如下表所示：

社团类别	社团内容			
体育类	田径	篮球	足球	旱地冰球
	空竹	地壶球	排舞	滑冰
艺术类	舞蹈	管乐	弦乐	管弦乐
	合唱	绘画	书法	校园剧
	服装设计	创意制作		
科技类	爱鸟爱自然	青青绿社	小小科学家	碳中和研究
	航模	智能机器人	创意构建	计算机编程
	项目式研究	电脑平面设计		
其他类	心理戏剧	初级影视制作	光影工坊	

（三）延时托管（17：30之后）

此时段主要针对有特殊需求的家庭，为家长解决后顾之忧，继续组织学生阅读和自习。为了保障学生的安全，此时段也会安排专人看护。

学校和教师创新课后服务载体，优化课后服务形式，丰富课后服务内容，让课后服务成为学习困难学生补差的平台，成为拓展学生学习空间的"灶台"，成为有特长的学生放飞梦想的"舞台"，成为所有学生参与文体、阅读、科普等活动，获取多元化成长路径和成长方式的"戏台"，成为让家长认可、社会首肯、充分展示学校风采的"窗台"。唯其如此，才能把课后服务做对，做好。

书香浸润童心，书香滋养情怀

书籍是了解大千世界的一扇门，能够走进这扇门的人，自知天地之大，世界无穷。读书不仅可以帮助孩子们认知世界、增长知识，更为其行为培养习惯，为其精神塑造品格，为其心灵注入力量，为其人生打下底色。书籍延伸了岁月，递增了生命的质感，博观万卷方能才识豪迈，记述百家亦会文翰昌明。

我们常说，书香怡情、书香益智、书香明理。学校"书香校园活动"提出了"过有思考的读书生活，让书香洋溢生命的魅力"的口号，宣扬理想的学校应该是书香飘逸的，理想的教育应该是滋润心田的。综改以来，资源带在市区领导的引领、帮助下，在全体师生的共同努力下，开展了长期而有效的"书香浸润童心，书香溢满校园，书香滋养情怀"的阅读工程。

一、感受悠悠书香——文化建设

（一）营造环境，共建精神家园

为了使校园散发阵阵书香，学校专门成立了"书香校园"活动领导小组，由校长、书记亲自挂帅，教导处、大队部、图书室等职能部门分工明确，认真务实地将"创建书香校园"的各项活动落实到点，贯彻到面。资源带三校区近两年分别完成了校园环境的布置，和平里二小校区的中华传统文化，和平里四小校区的三字经、读书格言，东师附小校区的"飞飞讲故事"，不但整洁优美，美育文化风格一致，而且处处体现读书育人的氛围。快乐盒子、小蜡笔书廊、读书天地都是孩子们课间读书的好去处。班级的读书角、黑板报不断地更新内容，随时展示学校的读书成果和学生读书活动。总之，资源带营造书香环境，共建精神家园，让学生真正与文化结缘，时时刻刻呼吸着带有书香的空气，得到了美育的启迪。

（二）提供场地，共营精神家园

东师附小校区的孩子们最喜欢的地方就是新图书馆，儿童绘本、儿童报刊、电子阅览，孩子们徜徉在书海中，感受阅读的乐趣。和平里四小校区的教师阅览室摆放的都是关于教育、教学的最新报刊，教师在备课和理论学习的时候可以分组在此共同学习。和平里二小校区的心理小屋则是师生放松心情，阅读好书的地方。

二、触摸缕缕书香——赏析悦读

（一）教师——阅读的引导者

我们要求教师率先垂范，带头阅读，撰写读书笔记，交流读书体会。学校为每一位教师发放读书笔记本，每学期购买一定数量的教育教学理论书籍、畅销书籍、经典名著等，保证有足量的集体学习用书；每学期举办"四小资源带读书分享会"，交流共享读书、反思所得。

资源带年级组的"图书漂流"活动让书籍成为教师交流的载体。每学期开学之初，我们还会请教师推荐美文进行赏析，教研组之间相互传阅、交流。教师在读书中增智明理、提高修养，探索求真、坚定思想，博观约取、厚积薄发，真正把学到的知识转化为指导工作的实际能力，为促进学校的进步、教育事业的发展贡献力量。

（二）学生——阅读的主力军

为培养学生的阅读兴趣，激发学生主动阅读的热情，我们在美育文化的启发下将阅读作为引领学生快乐成长的途径之一。资源带积极借助图书馆资源，组织学生到东城区少儿图书馆参加以"弘扬民族精神 传承中华文化"为主题的北京市红领巾读书活动。在师生的共同努力下，学校获得了2015年北京市红领巾读书活动示范单位的光荣称号。另外，学校多位学生获得市、区级各种奖励，多位老师获市、区级优秀指导教师奖。

资源带的师生积极参与活动，如一年级的学生参加让我们荡起双桨——东城区"六一"中华经典诗文朗诵会，表演了《读唐诗》。二年级的学生参加"诵中华经典 做有德之人"东城区践行社会主义核心价值观诗文朗诵会，表演了《古诗文串烧》。教师带领学生参加"我的校园生活"电子书制作比赛，学生们利用图像资料和优美的文字展示美丽的校园生活，多名学生荣获市级一等奖。五年级 2 班张以琳参加"读书小状元"讲演比赛，展示了自己遨游书海、润泽心灵，做书香少年的成长经历，获得东城区第十六届"读书小状元"称号。

几年来，我们一直坚持"每周一诗"的诵读工作，帮助孩子们积淀中华优秀传统文化。每年"六一"举办的诵读大会，展示了孩子们诵读经典的风采。资源带很多中队以"翰墨书香""国学中队""书海畅游"等命名，在班主任的带领下开展了丰富多彩的红领巾读书活动。一年级的体育教师将蒙学《三字经》与体操排舞结合，创编了孩子们喜欢的团体操。教师们引导学生融会贯通、温故知新、知行合一，为资源带的书香文化注入了生机与活力。

（三）家长——阅读的分享者

亲子阅读，又称"亲子共读"，就是以书为媒，以阅读为纽带，让孩子和家长共同分享多种形式的阅读过程。亲子阅读在学生课外阅读当中起到重要的作用。资源带请来了耶鲁大学博士、中国社会科学院副研究员、小橡树幼儿园创始人王甘老师为家长和教师做精彩讲座。王老师谈道：主题阅读和拓展活动能够相互支持。在老师跟学生们共同阅读、家长和孩子们亲子阅读的活动当中，如果能够把主题阅读和跟主题相关的拓展活动联系起来，就更容易带领孩子进入一个良好的阅读情景，感觉到阅读书籍的美妙。通过共读，父母与孩子共同学习，一同成长；通过共读，为父母创造与孩子沟通的机会，分享读书的感动和乐趣；通过共读，可以带给孩子欢喜、智慧、希望、勇气、热情和信心。

三、浸润芬芳书香——课程建设

文学是语言的艺术，文学就是用语言来创造形象、典型和性格，用语言来反映现实事件、自然景物和思维过程。资源带共享经典诵读课，诵读内容如《三字经》《弟子规》《唐诗》《宋词》《论语》《老子》等，琅琅书声响彻校园。为了满足更多学生的需求，学校还开设了校本课程：蒙学启智课、国学欣赏课、英语绘本阅读课……特别是资源带中年级校本教材《我爱阅读》，结合了学生的年龄特点、认知能力、训练要求，选取了古今中外丰富的优秀文学读本，向学生传递真善美的情感，培养学生社会主义精神文明的价值观。引导学生参加丰富多彩的语文实践活动，激发了学生的创造潜能，培养了学生的听说读写能力，全面提升了学生的语文素养。

四、积淀浓郁书香——思考前行

书香文化需要传承，更需要与时俱进，不断研究。如何进行读书指导？如何优化阅读教学？如何激发兴趣，发展思维，多元评价？这些都摆在了我们的面前。我们请来了北京市教育学会小学语文教学专业委员会秘书长，原北京教科院基教研中心小学语文教研室教研员康静涵老师。康老师当堂为我们展示了一节别具匠心的《不老泉》课外阅读导读课，将学生和在场老师们带进了一个带有传奇色彩的故事当中。原来，抓住著作的核心脉络，一步一步地通过巧妙的教学设计，提出耐人寻味又迫不及待想解开的问题，便能成功地抓住每一个学生的心。阅读要放眼世界，取法乎上，得益其中。美国教育联合会驻华首席代表孙连成主任应笔者的邀请，为和资源带的教师们带来了一场以"美国4C能力教育课程的理念与方法"为主题的精彩讲座。美国培养人才从主要掌握"3R"（阅读、写作、算数）到"4C"（沟通交流、合作协作、批判性思维、创造创新），其中重点谈了阅读，引导阅读的作用不可忽视。笔者出行美国、加拿大时，也将学校的书香文化带到了国际教育界进行交流。

五、飘逸浓浓书香——文化传播

在构建书香校园的同时，我们还十分重视后续的拓展延伸——带动山区孩子开展读书活动。学校广泛发动、大力宣传，积极参加东城区少儿图书馆组织的爱心快递图书捐赠活动。学校每年都跟云南省腾冲市腾越镇中心小学开展"手拉手"活动，我们不仅送教还增加了捐书、赠书活动，先后为腾越镇中心小学送去图书数千册，帮助他们建立图书阅览室，并利用学生"结对子"活动教给他们一些读书的经验,交流读书的收获,共同体验读书的快乐,有效地带动并促进山区孩子开展读书活动。"与书为友,以书交友",传递了文化,建立了感情,受到了学生及家长们的高度赞扬。

(本文撰写于 2016 年)

传民族文化,展美育风采

中华优秀传统文化是中华民族的精神命脉,是培育社会主义核心价值观的重要源泉。为了更好地传承与弘扬中华优秀传统文化,资源带依托育人目标,构建了"以美育美"课程体系,并逐步将美的教育渗透到工作的方方面面,形成了鲜明的办学特色,推动资源带工作的全面提升。"以美育美"办学思想涉及五个维度:以美养德、以美启智、以美健体、以美陶情、以美促劳。为了更好地落实这些教育维度,我们将学生校内的学习同校外生活及其需要和兴趣紧密结合,将美育与中华优秀传统文化紧密结合,关注学生终身发展的内在需要,着眼于学生个性的全面发展。

一、举办书画艺术节,将中华优秀传统文化根植学生心中

自从 1994 年首届书画艺术节成功召开后,书画艺术节就成为学校教育活动的亮点。每到书画艺术节,学校张灯结彩,成为书画的海洋、艺术的殿堂,师生以丰富的艺术形式载歌载舞,同欢共唱。

2014 年,在新东城教育区域改革的背景下,以"优质、均衡、内涵、特色"发展为指导思想,以和平里四小为龙头校的优质教育资源带成立。本着"给孩子们最美的教育"这一宗旨,着眼全体学生健全人格的塑造,将书画艺术节这一带着浓厚校园文化特色的传统活动在整个资源带轰轰烈烈地开展起来。

2017 年 4 月 10 日上午,和平里四小优质教育资源带"传民族文化 展美育风采"书画艺术节,暨落实东城区青少年"文化・传承 2030"工程启动仪式在普度寺三品美术馆隆重举行。历时两年精心筹备,资源带全体师生

共同参与的文化盛会，将普渡寺装点成缤纷的世界、色彩的海洋。

学校长期秉承"以美育美"的办学思想，以富有创意而深入的教学，引导学生在丰富生动的文化与艺术情境中展开学习，唤起学生对艺术的无比热爱与极大兴趣，以美的智慧与力量帮助学生开启艺术人生。

二、秉承科研引路，提高学生中华优秀传统文化的素养

"十三五"伊始，资源带在市、区两级科研部门先后申请了"利用电影艺术提高小学生传统文化素养的研究""中华优秀传统文化与小学生语文学科核心素养内涵与养成研究"等多项富有特色的研究课题。

（一）电影艺术中的中华优秀传统文化

小学阶段是培养民族情怀，学习中华优秀传统文化的最佳时期。有效利用电影艺术这一多媒体超文本方式，让学生在观看影片的过程中，通过各种器官全方位、多渠道地去感知、理解、体会传统文化的魅力，让学在教师的引导下，研究电影艺术中的节日文化、戏剧文化、建筑文化、汉字文化、服饰文化、民族音乐等，对提高小学生传统文化素养起到事半功倍的效果。

（二）经典诵读提升素养

语文作为一门母语教育课程，既是一种交际工具，也是一扇认识人类文明尤其是本民族精神发展的窗户。十几年来，学校在市级规划办立项课题的引领下进行了丰富的探索与实践活动，充分发挥了语文学科在促进学生形成良好的个性和健全的人格，促进学生德、智、体、美的和谐发展中至关重要的奠基作用。

针对低年级学生年龄小、识字量有限等多方面原因，校本教材的编写更多强调了其趣味性。我们利用语文课和语文类校本课将传统文化以故事的形式展现，学生在听故事、讲故事、编故事中提升语文核心素养。中年级的研究重点放在阅读习惯培养和阅读能力训练方面。引入中华优秀传统文化中的名家名篇，丰厚学生的语言积淀；采取丰富的学习方式，探索出一条适合校情的提高学生听、说、读、写、思能力的新路子，为学校提供操作性较强的语文学科核心素养训练策略与方法。高年级则采取更为开放的语文课堂和自

主教材使用形式。我们将听、说、读、写、思符合学生活动、阅读特点的学习内容采用活页的形式编辑成学生读本。学生可以根据自己的学习随时补充，把自己喜欢的传统文化佳作、美文欣赏、交流感悟等编辑在自己的教材中。毕业时，学生手中拿到的是一本具有学校美育文化、班级特点，属于自己的、不一样的提升语文核心素养的教材。在语文学科研究中，学校发展了自己的课程特色，打造出本校的课程品牌，研发了符合本校育人目标的精彩课堂。

学校长期坚持开展"经典诵读"主题活动。儒家经典毫无疑问是我国优秀传统文化中重要的组成部分，书中的内容既是语文文言文教学的重要文本，也是培养学生人文素养等核心素养的重要着力点。根据不同年级的知识水平，为学生选择一本儒家经典，每周固定时间由教师为学生讲解，带领学生诵读。例如，一年级《三字经》，二年级《弟子规》，三年级《千字文》，四年级《唐诗》，五年级《论语》，六年级《孟子》……学生通过每周五的诵读学习，在继承中华优秀传统文化的同时，不断地提升自我文化素养。学校也通过这种方式，逐步探究跨年级、跨学段的主题活动，进行课题研究。

三、中医药文化进校园，播撒中华优秀传统文化的种子

中医药文化是中华民族几千年灿烂文明的瑰宝，是世界医学史上的一朵奇葩，她为人类的生存繁衍做出了重要贡献，不仅属于中国人民，也是世界人民的文化宝藏。

东城区是我国首批"国家中医药发展综合改革试验区"单位，和平里四小作为"中医药文化教育进校园"首批实验校开展了丰富的特色活动。

活动中，带着孩子们了解一些中草药生长过程，学习中草药根、茎、叶、花、果实的各种药性。通过学习茶文化知识，了解茶历史，学习中国"俭、美、和、敬"茶德精神及"默默地无私奉献，为人类造福"的茶人精神。通过茶叶包装设计，进一步了解中医药文化及茶文化，进而用绘画形式表现出来。通过研制药茶、敬茶等活动，对学生进行尊师敬老中华传统美德教育，弘扬中国传统文化，培养学生爱国情怀。学生主要研制了尊师养颜茶、尊师润喉茶、尊师美白茶、敬老安神茶、敬老养心茶、敬老明目茶等。学校利用教

师节、重阳节契机，让孩子们给老师献上一杯尊师茶，向老人献上一杯敬老茶。

随着实验的不断深入，学校请来中医药大学专家，给全体教师普及中医药文化知识。请专家对学校课题进行指导，带领科技教师及学生做有关中医药方面的实验研究。学校以"雏鹰计划"和"青少年创新能力建设工程"的平台为依托，以常见中草药的观察研究与保护为结合点，开展整合优势资源，"构建本草四季花卉校本课程体系，探究培养创新人才幼苗模式"特色项目的研究。

中医药课程以对"本草四季花卉"的种植、观察、研究为核心内容，与国家级的多门课程进行融合，构建了立体化的课程体系。

学校组织学生走出校园，走进中药种植基地，走进中医药博物馆。学生通过科学教师的讲解、引导，种植、观察、记录本草花卉在四季中的变化，了解本草花卉的栽种技巧，研究本草花卉的生长环境，提升环保意识，培养创新精神。学生通过绘制主题宣传手册、连环画，既可以提升绘画水平，丰富绘画内容，又能以多种形式进行建言、展示、宣传。学生以诗文画意画本草、报花名、欣赏并撰写美文、欣赏聆听优美的音乐、拍摄本草的照片等形式，深入挖掘本草内涵、外延，提升了科研能力、创新能力、审美能力，增强了建言行动的宣传力度和效果，形成了学校中医药文化的育人特色。

雅雅情怀，淡淡文意，缕缕墨香，中华传统文化经典散发着浓烈的芳香。多彩的课程建设、两年一度的书画艺术节、几千年的中医药文化正是我们向中华优秀传统文化致敬的一种方式。在和平里四小优质教育资源带这片沃土上，充分发挥学校的美育特色，把最美最优的教育送给孩子们。让中华优秀传统文化植根于孩子们幼小的心灵，不断地去丰盈生命教育的内涵，让它成为孩子们童年里的珍贵记忆。

用丰富多彩的校园活动营造健康和谐的校园

"健康促进学校"工作是学校教育工作、生命教育工作的一个重要内容。在办学过程中，不仅应该关注学生的成绩，更应该关注学生的身心健康，真正地培养全面发展的学生。学生的身体健康、心理健康、适应社会和道德健康是全面落实素质教育的重要保证。因此,和平里四小始终把"健康促进"活动纳入学校的整体办学规划中,扎扎实实地在学校的各项工作中开展健康教育,不断地研究探索学校健康卫生工作的管理模式,为学校各项工作的健康开展保驾护航。

一、建设有利于健康人格形成的校园环境和制度保证

学校的物质环境是学生在校生活的重要组成部分,它直接关系到学生的健康。和平里四小于2008—2010年投入200万元对校园环境进行了改造,目标是把学校建成符合学生年龄特征的儿童乐园。如今,我们有赏心悦目的占地7200多平方米的优美校园——色彩协调、风格活泼的两幢教学楼,宽敞、平整、美观的塑胶操场。楼内还有展示学生艺术才能的才艺展示画廊。

学校更加重视环境的教育功能,将按照新的健康教育理念,把校园建成不仅有静态美的绿化生态园,还有人景互动的具有创新、教育功能的育人大课堂。现在楼道里的钢琴、地球仪、涂鸦墙,热带鱼观赏区、动植物养殖活动区,还有触摸屏等,都触动学生的心灵,促使学生在对美的欣赏和互动中受到潜移默化的感染和熏陶。

学校领导充分认识到争创"健康促进学校"在实施素质教育中的重要地位,多次召开会议专门研究该项工作。学校在2008年5月成立了以校长为组长,以分管体卫工作的副校长为副组长的"健康促进学校"工作领导小组。学校还成立了卫生工作领导小组、德育工作领导小组、师德师风领导小组、文明礼仪教育活动领导小组、心理健康教育工作领导小组、综合治理工作领导小组、膳管会等系列工作机构。各小组均由校长担任组长,直接领导工作的开展,各部门间相互协作。学校健康卫生工作由此形成了比较完整的工作机构网络。

学校每学期都把"健康促进学校"工作纳入整个教育工作计划中,并有专人负责。学校制定教育过程卫生政策,规定学生每天的学习时间不超过8个小时,不得以任何理由加重学生负担,保证学生每天有1个小时的体育活

动时间，促进学生身心健康发展。据此，学校发布了《和平里四小减轻学生过重学习负担的规定》。为充分保证学生的身心安全，学校专门制定了相应的应急措施，包括交通安全措施、体育活动安全措施和意外事故防范措施、重大事件学生心理危机干预的工作预案等。为了全面贯彻素质教育方针，学校所有的年级都开设了健康教育课，由专职健康老师任教，使学生系统地学到健康保健知识，增强自我健康保护意识。学校教师还积极参加北京市"心理辅导"研修班，并把所学知识运用到自己的班级管理之中，对学生进行心理辅导，取得了较好的效果。

学校后勤为了保证学生拥有一个健康的学习环境，定期检查教室里的设备，安装合格的照明设备，安装无反光、无眩目的新式黑板，将学生的课桌椅更换为可升降的新桌椅。每年年初，卫生室要为学生测量身高，设计各年级学生桌椅的高度。为保证饮用水的清洁和安全，后勤人员定期清理饮水机，进行必要的消毒，并加锁以保安全。为了防止疾病的出现与蔓延，学校一直坚持为进出校门的学生、家长和教师测量体温，坚持班级晨检与午检制度，并填写有统一格式要求的情况表，由卫生老师统一管理，发现未到校的学生都要电话追踪，问明原因，及时反馈。每周三定期为学生进行卫生广播，宣传卫生常识，提高学生的卫生意识。为提高教师的健康水平，学校设置了健身器，每年为教师组织春季、秋季运动会，定期组织教师体检。

二、在美育特色氛围中培养具有健全人格的学生

和平里四小是美育特色校，在对学生的特长培养中，渗透着心理健康的引导。为了孩子们能够学有所长，健康成长，学校从硬件条件方面为他们创设好的物质环境。学校拥有培养学生特长的3个各有特色的美术教室，即儿童创作画画室，素描、色彩画室，陶艺制作室；有塑造学生身体健美的形体教室；有适合低年级年龄特征的音乐综合活动室，适合提高高年级音乐素质的合唱室等11个设施齐全、特色明显的专用教室；还有41个明亮、洁净的配有现代技术设备的教室，为开展美育特色活动提供了优质的硬件保障。

学校在长期的实践中形成了一个积极向上、团结互助、和谐友好的人文环境。我们把健康教育和美育紧密地结合在一起，对学生晓之以理、动之以情，运用各种艺术形式去打动学生心扉，引导他们树立正确的审美观，逐渐养成高尚的品德。我们已把"健康促进"活动融入了各项常规工作中，它给各项工作带来了丰富的情感，增添了无限的活力。

教育要跟上时代的发展，就必须站在新世纪对人才的需要这一高度实施教育，以学生的发展为本，教会他们学会做人、学会求知、学会创造。为此，我们的教育目光必须投向课外第二课堂，以百倍的情怀关注孩子们的课外活动。

俗话说，课内打基础，课外出人才。课内、课外是实施素质教育的和声二重奏，是塑造一个"完美"的人的两只巧手。课外活动是学生校内生活的有机组成部分，是课堂教学的补充、扩大和延伸。开展丰富多彩的课外活动，在开阔学生视野、树立审美意识等方面，有着得天独厚的教育功能，而这正是我们数十年来坚持举办艺术节的缘由。

在每年一届的艺术节上，学校紧紧抓住社会发展形势的脉搏，以爱国主义教育和培养民族自信心、自豪感为核心，精心策划、选定教育主题。我们面向全体学生，动员人人参与，给每个学生同等机会，鼓动他们在艺术节这个大舞台上登台亮相，展示自己的特长爱好和艺术才华。

三、开展丰富多彩的校园活动，全员参与"健康促进"

学校每年都要隆重地召开以"健康促进学校"为主题的大会。学校把"健康促进"纳入各项活动当中，同时和美育特色相结合，要求学生积极参加锻炼，提高身体素质。各班少先队员代表还向全校师生发出了共同建设"健康促进学校"的倡议。

办人民满意的学校，让每一名和平里四小的学生都拥有强健的体魄、一流的素质，是学校全体教职工的共同理念。因此，学校以科学发展观为指导，认真贯彻执行《中共中央　国务院关于加强青少年体育增强青少年体质的意见》和《中共北京市委　北京市人民政府　关于加强青少年体育　增强青少年体质的实施意见》的精神，充分认识体育对强身健体、陶冶情操、启迪智慧以及培养团结、合作、坚强和友爱的品德，弘扬民族精神的积极作用。因此，学校对学生在校期间每天体育锻炼一小时的工作积极部署，全面落实，保证实效。

我们在开展学生体育锻炼一小时工作的同时，还紧抓卫生防控工作。学校通过开展健康教育专项活动、开设专题健康讲座、观看健康宣传片、发放健康宣传资料、进行健康知识测试等活动，加大了健康知识的宣传和教育的力度，开展了"快乐十分钟""体育之星"评比、紧急疏散护救演习、爱眼护眼、为灾区捐款、蓝天博览课展示、种植中草药进学校、预防传染病宣传、检查身体、慰问残疾学生等系列活动。通过以上活动，帮助学生从小养成良好的个人卫生习惯，知晓符合年龄特点的健康知识，掌握相应的健康技能。

除此以外，学校非常重视近视率居高不下的问题。校长高度重视学生视力不良的问题，组织领导班子专题研究，并成立预防近视领导小组，做到层层抓、天天抓，定期给全校教师开办讲座。学校定期或不定期地对班级的环境卫生、学生的个人卫生、广播操、眼保健操等进行检查评比，促使学生掌握正确的健康技能，养成良好的卫生习惯。学校还给各班张贴视力表、预防视力基本要求展板，并进行了"预防近视"的课题研究。

四、加强社区与家校联系，建立健康教育共同体

在健康教育实施中，学校与社区建立合作伙伴关系，争取社区的支持和参与。学校与社区办事处签订了共建协议书，一年中多次组织学生在社区开展"健康促进"活动。例如，学校与社区联合专为肥胖儿童组织了一次运动会和趣味知识竞赛。参与的学生在这次活动中表现极大的兴趣，并表示今后一定努力锻炼身体，积极参加体育活动。

学校非常重视家庭教育，成立了校级"家长委员会"、班级"家长委员会"，和家长代表共同商议学校的各种事宜，倾听他们的意见，争取他们的支持。家长们对学校这种民主的做法非常支持，提出了许多建设性的意见，

取得了很好的效果。目前，学校全体教师已达成共识：只有依靠家庭教育、社会教育，使之形成合力，形成立体的教育网，才能更好地完成现代教育任务，达到全方位的教书育人的目的。

加强学校体育卫生教育活动，促进学生身心健康

和平里四小在抓好教育教学工作的基础上，围绕"以美育美"的办学指导思想，打造"大美育"品牌。本着"要给孩子们最美的教育"宗旨，着眼于全体学生健全人格的塑造，创造具有美育特色的校园文化，形成了"以美养德、以美启智、以美健体、以美陶情、以美促劳"的办学特色。为进一步提升学校的体育工作水平，结合现有情况，我们实施"以美健体 快乐成长"的健康工程规划，将培养"基础扎实、特长明显、身心健康、全面发展"作为学校体育卫生工作的目的。

学校制定规章制度，落实健康工程规划，坚持课堂教学与课外活动相衔接，保证课程时间，提升课堂教学效果，强化课外练习和科学锻炼指导，调动家庭、社区和社会组织的积极性，开发体育课程逐步形成"一校一品""一校多品"的教学模式。"一校一品"是指一个学校至少形成一个全体学生应知、应会的品牌运动项目。"一校多品"是指在一个品牌运动项目的基础上，可以实施多元化项目教学模式。

学校遵循教育和体育的规律，以兴趣为引导，注重因材施教和快乐参与，重视运动技能培养，逐步提高运动水平，为学生养成终身体育锻炼习惯奠定基础。面向全体学生广泛开展普及性体育活动，有序开展课余训练和运动竞赛，积极培养体育后备人才，大力营造校园体育文化，全面提高学生体育素养。增进学生的身心健康，改善学生营养餐质量，控制学生近视、肥胖上升趋势，培养师生良好的心理素质。大胆探索创新，从"以人为本"的角度出发，关注学生健康成长，为学生终生发展奠定良好的综合素质基础。

第六章　面向未来教育的教师队伍建设

用最美的教育遇到更好的自己

作为教育人，笔者常常会思考一个问题：什么是最好的教育？从一名市级骨干教师，成长为东城区教育系统的优秀校长，回想三十多载的教育生涯，笔者发现自己教育思想的形成同每一段工作经历密不可分。2002年，笔者担任和平里四小副书记、副校长；2005年，担任和平里四小支部书记，主持学校党务工作；2009年，正式担任和平里四小校长；2014年，和平里四小优质教育资源带成立，同时任三校区校长。在教育实践探索中，笔者深刻体会到小学教育是打"底色"的教育，而美的底色将会是学生一生中取之不尽、用之不竭的智慧源泉，教育思想脉络由此逐渐清晰形成，那就是发展美育文化，以美育为载体，践行"大美育观"的理念，将美育融入学校各个角落，营造出具有美育特色的教育文化，全力引领并倡导教师和学生们"用最美的教育，遇到更好的自己"。

一、最美的教育来自勇于迎接改革深入推进的挑战

长期以来，笔者一直努力坚持致力于学校的内涵发展，不断地提升学校的办学品质。本着"要给孩子们最美的教育"宗旨，着眼于全体学生健全人格的塑造，围绕"以美育美"的办学指导思想，坚持打造美育品牌，形成了"以美养德、以美启智、以美健体、以美陶情、以美促劳"的办学特色。2014年，随着东城区综合教育改革的推进，成立了以和平里四小为龙头校，

带领和平里二小、东师附小构成了优质教育资源带。各校区不断加快融合，提升内涵，实现了共同培养学生的目标。为促进资源共享、实现资源带高位均衡发展，我们积极推进资源带一体化管理，积极探索符合资源带教育规律的管理机制，研究制订出三年行动计划、五年发展规划。为资源带的发展建立了新的管理制度，如资源带干部议事制度、管理规章制度及考核制度、轮岗交流制度等，用我们的制度管理盘活各校区师资等资源。面对三校区师资流动努力实现同工同酬，完善绩效工资制度、收入分配激励机制，调动教师的工作积极性。在管理层面，我们实施"精细管理"，形成了校长全面负责—各校区执行校长统筹协调—各校区教育教学副校长主抓—教育处、教学处—年段组、年级组—任课教师层层负责的教育教学管理体系。

二、最美的教育来自对卓越质量的不懈追求

一所学校的品质保障关键在于教师队伍质量。为促进资源带教师专业提高，我们构建了"1＋3＋X"教师校本培训机制，引领教师内化理论精髓，外在学以致用，促进专业能力不断地提高。注重以科研引领为高地，为教师搭建了更大的教研平台。三校区立项了多项课题，其中多个成为市级、国家级的重点研究课题，形成"人人有课题"的研究氛围。我们在市、区教研室引领下，引进高层次、高规格的机构专家，以和平里四小为基地，开展"种子"提升培训工作。"北京教育科学研究院教学基础研究中心小学语文教学工作站""张立军特级教师工作室""吴正宪名师大讲堂"的成立，促使三校区教师教法共研、经验共享、合作共进、成长共赢，让资源带涌现出更多的优秀教师。在2017年评选的新一届市区骨干中，资源带有5名市级骨干教师，7名区学科带头人，39名区级骨干教师。学校各科教师承担国家级研究课24节，市级研究课143节，区级和学区研究课124节。2017年，北京教科院基教研中心与东城区教师研修中心联合视导资源带，三校区累计开放82节课，涵盖全学科的所有课程及所有班级。2017年全年共开展了150多节次的资源带各学科研究课展示活动。

三、最美的教育为学生的全面成长搭建广阔的平台

资源带积极搭建全面、完善、多方位的，有利于学生成长的教育平台。我们积极抓住课程建设这条主线，围绕"以美育美"的办学思想，建构了以"1＋4＋6"为课程框架、"3＋2＋X"为课程形式的"以美育美"课程体系。"以美育美"课程体系具有多种优势，如促进教与学方式的变革，注重跨学科学习，学习边界高效重组，评价机制调控课程动态实施，给学生更多自主选择空间，等等。资源带联合职业学校、资源单位进行课程开发。资源带三校区共开设130余门系列课程，其中属于学校自主研发或整合资源开设的校本课程共108门，所开设的课程极大地满足了资源带2600余名学生的学习需求。

长期以来，资源带培养输送了大量特长生，学生作品在各级各类比赛中屡获殊荣。资源带成为"全国海洋科普教育基地"，成功申办为北京市学生金鹏科技团，每年举办科技节；长期建有"三团一社"，其中管弦乐团、校园剧社获得东城区"星光艺术团"称号，每年举行新年音乐会；作为东城金帆艺术书画院的成员、北京市金帆美术类绘画团队，定期举办书画艺术节；加强体育教育工作，每年举行春季、冬季运动会。

最美的教育让资源带获得了可持续发展，先后获得北京市基础教育课程先进单位、市级美育研究先进学校、市中小学校长培训实践基地、市中小学教师培训实践基地、首都文明单位、市科技教育示范校、市教育科研先进学校等荣誉。与此同时，笔者在上级领导的关心下，荣获了北京市"三八"红旗奖章，东城区教育系统优秀校长，东城区优秀共产党员。笔者在2013年获得了东城区优秀人才培养项目资助，2014年获东城区基础教育课程建设优秀成果一等奖。作为一名具有小学中学高级职称的市级语文骨干教师，笔者在2015年成为北京市教育学会教师发展研究分会校长专业指导委员会成员；2017年获首都劳动奖章、北京市优秀教育工作者。另外，笔者分别在2014年、2017年东城区教育大会上做资源带建设专题发言，出席第三届全国教育家成长高端论坛并做主题发言。有多篇文章发表在国家、市、区级刊

物上。

为把每个学生打造成"更好的自己",资源带用美的理念发展学校教育,建设具有理性之美的管理文化,激荡着奋进之美的教师文化,饱含发展之美的课程文化,洋溢智慧之美的课堂文化,汇聚着创造之美的活动文化,散发着仁爱之美的评价文化,充满灵性之美的环境文化,沉淀着生命之美的价值文化。校园的每一个角落都释放着美的因素,教育的每一个细节都散发着美的气息。每一天、每一节课、每一个活动,教师都在为孩子们讲述着美,描绘着美,展示着美,带领孩子们感受语言之美、数学之美、科学之美、色彩之美、音律之美、运动之美……引导孩子们去发现美、探索美、领悟美,为孩子们的未来设计着美、酝酿着美、储备着美。"用最美的教育,遇到更好的自己。"这是笔者献身教育事业的赤子心怀与奋斗夙愿,也是资源带全体教师坚守的共同心愿和为之努力的毕生信念。

向美而行,让教师成为带领新时代学校发展的领跑者

2014 年,和平里四小优质教育资源带成立。在资源带一体发展中,学校意识到,干部、教师队伍的建设对于资源带的纵深发展起着至关重要的作用。

一、认识与思考:时代梦想的开始

在资源带成立初期,我们首先是对各校区的历史和现状给予真诚的尊重,与各校区干部、教师一起寻找自身引以为豪的特色优势。让资源带的建设努力为各校区的发展创造条件,让各个校区的"各美"为资源带的"共美"提供良好的发展基础。经过一段时间的交流磨合,我们认为三校区的对接口与融合点是围绕"以美育美"的办学思想,让美育成为共同发展的支点,共同完成培养"明理、优雅、勤勉、向上、全面发展、学有所长"的学生。我们认识到育人目标的达成,指明了资源带纵深发展的方向。正所谓"德同而相聚,志同而道合",只有教师内心的"道"一致了,发展才有坚实的基础,才能汇集成前进的力量。

二、规律与路径：让梦想的种子落地生根

（一）教师的聚力生长，加快资源带纵深发展的速度

学校构建了各项教师校本培训机制，旨在引领教师内化理论精髓，外在学以致用，促进专业能力不断地提高。一系列的师训培训机制及融合培训机制带来了可喜的变化。

教科研的深入开展带来教学实践上的丰硕成果。学校各科教师积极参与北京市教师基本功展示，以及"京城杯""京教杯""启航杯"等教学展示。截至2019年，学校多位教师撰写的论文在各级各类活动中获奖或发表，涌现市、区级骨干教师和学科带头人51人。另外先后有美术特级教师3名，副高级教师20人，北京市优秀教师、师德标兵、"紫禁杯"优秀班主任共38人次。

（二）美育课程建构，提升资源带教师队伍"关键能力"

近几年课程形态的改变已成为学校发展最关键的因素。我们依托育人目标，构建且不断完善"以美育美"课程体系，提升教师研究的"关键能力"。资源带三校区共开设130余门课程，其中属于学校自主研发或整合资源开设的校本课程共108门，所开设的课程极大地满足了资源带所有学生的学习需求。学校蓬勃向上的发展得到了广泛的认可。

2015年5月起，"张立军特级教师工作室"每学年在和平里四小召开市级整合阅读研讨会。2016年6月起，学校承办了多场次北京市学校美育专题研讨会。和平里四小作为中国小学的代表出席了在美国伊利诺伊州芝加哥市举办的第45届美国双语教育协会（NABE）年会，推广"以美育美"课程理念。北京教科院基教研中心跨学科课程研究在和平里四小召开了跨学科教学现场会。校领导及教师代表组成的交流团多次远赴新疆、西藏、云南腾冲、安徽阜阳、广东珠海、香港等地送教并做"以美育美"课程展示。学校艺术、科技全面发展，成立了北京市金鹏社团和北京市金帆社团。

教师的发展、课程的构建，带来了学生素养的全面提升。资源带学生在每年新初一年级的本底测试中表现优异，验证了资源带"同优同质同发展"

的学校一体化发展理念。这也将化作我们前行的动力,激励我们再攀高峰,再创佳绩。

三、建设与发展:培养满足新时代发展需求的创新性教师队伍

(一)立德树人,构建新时代育人大格局

"立德树人"是中华优秀传统文化,也是新时代教师的根本任务。在"为每个学生提供适合的教育"的价值观引领下,我们在坚持高学业水平的同时,树立"以人为本,以德为先"的育人观念,加入特色、多样、选择和适合等理念,构成一个相对完整的教育质量观,把学生放在最中央,将学生的全面发展作为出发点和归宿。

(二)守正创新,加强新时代未来教师培养

在基础教育新课改和新格局背景下,我们将继续作为领跑者,探究面向未来的创新人才的培养,让教师成为新时代未来学校的设计师。

第一,教与学方式的变革。教育的4.0时代已经到来,教师应当是知识体系的构建者,是学生学习的"重要他人"。从内容上,已经逐步由单一学科知识的传授转向跨学科能力的培养;从形式上,由固定班级授课模式转为基于信息网络技术、VR技术等的互动教学,以及跨领域跨时空的学习模式。主题学习、项目学习等更为贴近学生的现实生活,指向问题解决的学习方式将成为常态。这时,教师的角色更多转为学习资源的提供者、学习过程的辅助者和学生发展的引导者。

第二,多元主体共同参与。学校彰显把儿童放在社会中心的"我们的教育"价值观,不断提升教育教学品质。比如我们已经实施的预防医学专家讲埃博拉、海洋专家讲南极科考、非遗专家讲传统文化等活动,"专家家长"走进我们的课堂已成常态。在开放的办学理念中,教师成为策划者、组织者,成为颇具开拓精神的引航人。

第三,学习内容个性定制。未来的学习内容会更个性化和定制化。教师要根据学生个人的学习特质构建知识体系和能力体系,将学习内容进行不同的排列组合,从而让更多的学生在学习上游刃有余,达成我们的教育目的,

让更多的学生实现个人的进步，得到自主发展。

第四，守望传统，面向未来。在新时代成为一名奋进者，就要深刻地把握新时代下的新要求，以坚韧不拔的精神，奋力谱写社会主义现代化新征程的壮丽篇章。十九大报告中提出了"可持续发展"的要求，而教育是实现"可持续发展"的必要手段。向美而行，让教师成为新时代学校发展的领跑者，我们必将手挽手，肩并肩，共圆教育梦！

"1＋3＋X"教师培养机制促进教师专业化发展

学校的发展、课程的建设，离不开教师的专业发展。由此可见，教师的校本培训尤为重要。因此，和平里四小优质教育资源带构建了"1＋3＋X"教师校本培训机制。

一、以系统化学习奠基教育教学厚度：亲近理论，扎实功底

"1＋3＋X"中的"1"即养成一个好习惯——阅读。人们常说，价值观的培养应从阅读开始。一个人的精神发育史，就是他的阅读史。一个民族的精神境界取决于这个民族的阅读水平。我们读什么就会成为什么，我们的精神高度由我们阅读的高度决定，我们的价值观在阅读的过程中逐步形成。资源带每学期都召开以"让读书成为习惯，让书香溢满校园"为主题的读书交流活动，营造爱读书、善思考、肯钻研、敢创新的良好氛围，让阅读成为教师成长的阶梯。每位教师每学期至少要选择一本与专业知识有关的书籍进行阅读与反思。

理论好比是"道"，即事物的内在规律，它决定了事物发展的趋向。教学好比是"术"，即技术、技艺，它是解决问题的方式、方法，或者是人们行为处事的方式。"道"与"术"是相互依存的，"理论的提高"与"实践的提升"是共生共赢的。新课程背景下的教师发展，应重视"术"的修炼，更应重视"道"的提升与更新。

"3"即三个基本功：一笔好字，一篇好文章，一门过硬的专业知识。

一笔好字：对于青年教师，我们要求临摹规范的名家楷书字帖，请各校区书法老师、知名的书法家为青年教师进行指导。此外，资源带也要求30岁以下的教师每周五在微信群展示一次板书设计。

一篇好文章：如果说阅读是言之有据的开始，那么笔耕就是学科积淀的开启。平日教师要求学生这样做，教师自身也应这样做。我们对教师不要求天天写，但要求常常写。长可千言，短可几句，完全从实际出发，写自己的心思。每位教师每学期还要有一篇精雕细琢的好文章。我们生活的领域是广阔的，平日生活札记、科研论文、经验总结、教改设想、即景抒怀、时事小议等，可以无所不及，无所不写。

一门过硬的专业知识：首先，每一个教师都承担着具体学科的教学工作，必须精通所教学科的知识。只有对自己所教学科的知识有比较深入透彻的理解和系统的掌握，才能很好地完成学科教学任务。其次，现代教师只有终身学习，才能始终保持自己的知识优势，要与时俱进、时时更新。我们注重教师专业知识的再学习，专业能力的再提升。资源带三校区学习培训一体化，定期在年级组、工作室、课题组开展活动，加强专业理论的学习、教学的反思和教案的复备，以提升专业技能。最后，校长、书记、执行副校长等管理人员深入课堂，走进资源带每一位教师的课堂。每学期的第一个月为我们的教学月，在教学月中累计做课上千节。理论与实践的过程意在让教师有扎实的基本功，过硬的专业知识与本领。

"X"即跨学科的综合性知识能力。教师必须具备广博的综合知识，方能适应现代学校的发展趋势。校本课程的研讨开发，单元主题课的研究，综合实践课的开展等，为教师综合性能力的发展搭建了平台。

二、以专业化引领提升教育教学高度：顶层设计，前沿发展

"1＋3＋X"第二层面的"1"指一位专家指明行动方向。"近名师，自教研"，学校每学期请来教育教学的专家和学者，让教师近距离与名师接触，亲临名师课堂，聆听专家讲座，面对面与专家沟通、请教。很多教师在听课之后，进行反思，在教学中二次设计和再次实施。教育没有固定的方法和统

一的标准，教育教学的艺术在教与学的动态过程中创生，基于实践的思考和思考后的实践才能使教育富有魅力，焕发出生命的活力。

"北京教育科学研究院基础教育教学研究中心小学语文教学工作站""张立军特级教师工作室"的成立、"名师大讲堂——特级教师吴正宪走进和平里四小优质教育资源带"的活动开启了教学研究的又一个新起点。精心策划活动形式，科学高效的实施研究成果，保持教育教学的前沿发展，让资源带涌现出更多的优秀教师，甚至成就我们的"名师"梦想。

第二层面的"3"指三个领域践行思考。

课堂展风采：如果阅读可以提升素养，那么课堂则历练成长。教师的成长，课堂教学是基点。专家前沿的指导，备课团队后期的帮扶，之后就是自己的学习感悟实践了。我们将教师分为两组——30岁以下的教师组，31—45岁的教师组。假期独立备课后，在教学月进行展示，意在历练每一位教师。教育、教学领导和教师跨校区、跨学科听课，备课，评课，大家共同参与学习评价反馈。

课题促研究：我们要求教师能"静下心来育人，潜下心来研究"，做到教学研究常态化、常态教学研究化，实现"人人有课题，个个能研究，学科出特色，研究出成果"。例如，资源带围绕"着眼问题意识，提高从数学角度思考问题的能力"这一主题，开展数学研究课展示及课题研讨活动，资源带全体数学老师共同参加。我们鼓励广大教师积极参与到课题研究中去，并将引领全资源带的课堂教学改革向纵深发展。

交流集智慧：开放可以拓展人的思维空间，提升人思考的能力。交流则可以使人更好地了解自我，把握自己与周围世界的距离，更懂得自己该以何种方式与世界相处。例如，资源带73位班主任分布在三个校区，但每月一次的主题沙龙营造出了班主任们碰撞、学习、实践、反思、研究的环境。每次学校活动，我们不希望一名教师口若悬河，而其他教师低头不语，眼光游离；我们希望每一位教师都能从不同的领域讲话和发言，实现从独言独乐到多元声音的交响。

第二层面的"X"指定期自我规划，自主发展。有人说"没有计划的生活是盲目的",停滞的知识迟早会被淘汰。现今社会竞争日趋激烈,尤其是人才竞争尤为突出,这股强劲的竞争风伴随着教育改革席卷校园。教师必须有自我发展意识,停滞不前的教师将会自动被淘汰。相反,有定期规划、自我不断发展的教师,不断更新教育理念、开拓创新的教师则紧握了成功的钥匙,掌握了发展的主动。因此,资源带的每一位教师都有自己的三年发展规划,从而赢得了发展的主动权。

三、以多元化"路径"拓展教育教学广度:校区融合,同伴互助

"1+3+X"第三层面的"1"指一个校区一个平台。学校每一个教师都有自己的特点:年轻的有活力、有冲劲,那种青春洋溢和蓬勃朝气值得我们学习;年长的有经验,几十年的教学经验就是一本活教材,更值得我们学习……我们希望每一位教师都能找到最适合自己的岗位,彼此之间拥有"踏破铁鞋无觅处,得来全不费工夫"的感触。

资源带成立后,很多老师在岗位上、在校区里有了调整,同时教师、干部轮岗交流机制推进了优质教育资源的均衡,使教师由"学校人"逐步变成"带上人"。其实无论身处何方,对于每一位教师来讲,每个校区都是成长的平台,我们愿意为每一位教师搭设独具风采的舞台。

第三层面的"3"指教育教学处、教研组、师徒制助推成长。

教育教学处:作为学校教育教学工作的职能部门,在保证教育教学工作正常运行的前提下,应稳步提高教育质量。在工作上,本着以人为本的思想,充分发挥指导作用,认真组织教师参加各类专业培训。教学处、教育处要成为教师提高业务水平的引领者,积极引导教师做一名学习型教师,端正教师工作态度,让教师抱着积极的心态去学习。"打铁还得本身硬",管理者的教育教学也得是过硬的能手,努力起到引领作用,努力为师生们服务到位。管理没有固定的模式和方法,但是必须在管理中重过程、重实效,也必须要科学化、规范化。

教研组:"没有最好的个人,只有最优秀的团队。"年级组的同伴互助是

一个教师成长重要的路径，每一位新、老教师都希望教学相长。教研组是提高教学质量的重要阵地，承担着两方面的探索任务：既要探索教育教学改革的途径和方法，解决教学中碰到的实际问题，又要通过研究，提高教育教学质量，促进学生全面发展。而在学校的教学研究活动中，我们发现教研组长有着举足轻重的作用。教研组长是学校教学研究的落实者，是本学科教学活动的组织者，是青年教师的指导者。教研组工作的有序开展，离不开教研组长的"未雨绸缪"；教研组民主、和谐的氛围，离不开教研组长的精心打造。教研组是学校学科教师集体进行教学研究的基本组织，其健全程度和工作水平直接关系着教学质量的高低。教师之间的沟通、合作，要求做到：微笑多一点，心胸宽一点，做事勤一点，效率高一点，爱心献一点，理解多一点。

师徒制：师徒互促为青年教师开启了智慧之门。师徒结对的形式能够促使青年教师少走弯路，快速上手。青年教师处处展现着青春气息，但毕竟他们刚刚踏上工作岗位，一方面对教师这份工作充满新鲜感，另一方面缺少必要的实践能力。而从教多年的教师执教经验是宝贵的教学财富，在带徒弟的同时对自己教学的更新也要跟得上。应该说，师徒结对的指导活动不管是对师傅还是对徒弟都是很有好处的。我们要求师傅每学期要听徒弟三节课以上，徒弟每学期要听师傅三节课。在听课笔记中，建议、所思等要有所体现。在班主任工作方面，徒弟要不断地向师傅请教。教育或教学的总结及案例，要师徒共同完成。师徒结对就像一条无形的教学纽带联结在师徒之间，使大家在有意无意之中增加了交流和相互学习的机会，从而共同得到提高。

第三层面的"X"指一个待完善的评价。

教师的培训永远在路上。为推进资源带可持续发展，资源带三校区各年级组、各学科在市区教研室老师的帮助指导下，开始尝试跨校区、多元化、开放式学科教研活动。2016年6月3日，学校承办了北京市学校美育研究系列活动，暨东城区美育研究会"以美育美 与美同行"专题研讨会，研讨会上展示了学校三位教师执教的美育主题班会。2016年11月15日，资源带在市区教研部门的支持下，隆重召开了北京市小学学科主题研究培育学生核心素养研讨活动，组织开展以"培育学生，发展核心素养"为主题的跨学科主题实践研究课程的交流与研讨。2016年12月22日，召开了以"丰盈语文课堂，发展核心素养"为主题的北京市小学语文课内外整合阅读实践研究研讨会。2017年3月21日，采用汇报、听课、评课、教师座谈、集中反馈等形式，以全方位展示和优异的成绩圆满完成了北京教科院基教研中心东城教育委员会、东城区教师研修中心等单位的百余位领导、专家、教研员对资源带各校区进行的全学科教学视导。2017年4月10日，举办了"传中华文化 展美育风采"书画艺术节，通过中华优秀传统文化展示活动，引领学生学习民间手工艺者精妙绝伦的技艺，体会执着坚守、薪火相传的精神风貌，感受传统文化的精髓与魅力。

跨校区开放式学科教研活动好像餐桌上的一道道美食，虽然味道不同，但都各有营养；又好像旅途中的一个个风景，虽然风格不同，但都各具特色，最终呈现的是完整的融合之美，是你中有我、我中见你的成人之美。可以说教师专业化的提升，决定着学校纵深发展的质量。面对新形势、新要求，我们在围绕"1+3+X"提升教师专业引领的同时，要求教师不仅"做学生学习知识的引路人，做学生创新思维的引路人"，更要重视在服务学生成长上下功夫，不断地提高自己教书育人的"软实力"，在不断开发自己潜质的同时，提高自身的综合素质，永远保持自己对事业的一份感情。

课程是学校教育的核心，课堂是课程的核心，课堂成效的关键在于教师。和平里四小优质教育资源带希望建构的课堂愿景是：学生学习活动成为课堂的中心，学生的主动性、能动性、积极性等才能最大限度地得到尊重，学生自由成长的花朵得到美丽绽放。

和平里四小教师追寻理想课程、理想教育的脚步从未停歇。当学生离开学校时，带走的不仅是知识，更重要的是对理想的追求。学校要让学生的天性有展现的空间，智慧有表达的机会，美德在学习中扎根，梦想在勤奋中实现。坚持"以美育美"的办学理念，发挥学校文化在学校课程建设和发展方向的引领作用，逐步完善蕴含学校特色和共同教育价值观的学校文化视域下课程体系的建设，将美育延伸到各级课程，更好的发展学校的美育特色，不断地提升学校发展的新内涵。学校也在不断发展中收获着，先后获得北京市艺术教育特色学校、市科技教育示范校、市教育科研先进学校、市基础教育课程先进单位、市级美育研究先进学校、市中小学校长培训实践基地、市中小学教师培训实践基地、首都文明单位等荣誉。

　　和平里四小优质教育资源带的建设发展有知难而上的开拓进取，也有静水深流的长远构建。和平里四小的教师用真心真情追寻"以美育美"的课程，学生在美的课程感召下，体验美，创造美，评价美，享受美！在美的环境中，达到能力生成、习惯养成、德性形成、身体长成，达成生命的成长。我们将在"以美育美"育人目标的引领下，怀揣着沉甸甸的教育责任，运用无限的教育智慧，把"大美育观"作为工作的出发点，把最美最优的教育送给孩子们，愿每一株美育之花都能绽放精彩。

深耕学科课堂，提升教师关键能力

一、随堂课交流——常常做，不怕千万事

　　我们要求教师上好每一节常态课。学校科任教师200余名，每学期我们都会走进他们的课堂。我们看到不少老师扎实的教学功底、有效的教学策略，甚至有些教师把常态课上出了展示课的风采。

　　数学学科：50多岁的教师上起课来风采依旧，既有扎实的功底，也有对新课改的思考。二年级的单元主题教学更是将课题的研究深入实际课堂，建立学生的整体思考与学习框架。

　　语文学科：涉及阅读课、略读课、口语交际、复习课等，很多教师的复习课是根据学生的实际需求出发进行设计。例如，刘晓楠老师带领学生在情境中阅读非连续性文本，提升学生的阅读力；霍玲娜老师把复习中"我说你听"的固有方式换为"我参与、我出题"的形式。

　　英语学科：注重贴近学生的生活，关注语言情景的创设，使学生在情境中感知、理解和学习新语言。例如，刘静老师指导学生自己绘制气泡图（Bubble Map），利用思维导图帮助学生围绕话题学习和梳理相关语言，促进

学生综合语言运用能力的提升；刘奇老师的教学设计初步体现了以主题意义为引领，串联语言知识的学习与实践，问题与活动设计体现了语言与思维的融合；李仕然老师采用读写结合的方式，训练学生的阅读理解能力与写作能力。

为了学生精彩的明天，为了教师素养的提升，我们努力做到每一节常态课都精彩，每一节精彩课都常态。

二、阅读推荐微课——如春起之苗，不见其增，日有所长

在倡导全民阅读，发展学生阅读素养的当今，学校推出阅读推荐微课，将教师与学生的阅读联结起来。在年级组当中，我们以教师学习共同体的形式促进教师的阅读，将教师阅读与学生阅读融合在一起。我们全体语文教师和部分数学教师进行了阅读微视频的录制工作，也评出了年级受学生喜爱的微课。评比从两方面进行：一是学生喜欢的程度；二是阅读方法是否具有指导性。

广博群书、积极阅读，是构建成功人生的必经之路。我们希望所有的学生在六年小学生活中积淀更多的善良、智慧与美好。

三、引领课研究——宝剑锋从磨砺出，梅花香自苦寒来

2019年4月，数学老师杨晓斌、黄葳和英语老师李秋燕远赴珠海，展示了首都教育课改后数学和英语的课堂并进行了讲座；5月，陈英校长带领叶明、杜艳萍老师远赴拉萨市第一小学，把我们对于新教材的理解和实施经验送到了青藏高原；6月，王秋菊老师参与了北京市首届整本书阅读活动，将阅读分享课的思考展示在京津冀基础教育广大同人面前。"东兴杯"赛事历久弥新，2019年一年间，我们的16名教师从初赛到决赛，一遍一遍说课、试教、修改，做课题的研究、统编教材的研究，刘娜老师还在统编教材的推荐中做展示课……大家苦中作乐，收获的不仅仅是荣誉，更多的是对课堂研究的新思考、新策略。

我们敬畏讲台，因为课堂能让我们更好地走近师生、走向教育，课堂是我们教育修行的道场、学生成长的主场。

未来教师的角色定位

未来还未来,但未来一定会来。教育是面向未来培育人的事业,需要我们有前瞻性思考与创造性行动,尤其是在建设人类命运共同体的今天,只有关注儿童的健康成长,珍爱儿童,才会让人类的明天更美丽,让世界的明天更美好。

我们曾经都经历过儿童的生活,儿童也都终将成长为我们这样的大人。只有当我们从内心深处意识到,每个儿童的生命都和我们的命运休戚与共时,都和祖国的未来息息相关时,我们才能真正地敬重儿童,才会真正地走向人类命运的共同体。

今天的教师不仅要思考如何为未来社会培养人的角色定位,担当起为党育人、为国育才的新时代使命,还必须为自身如何适应未来的教育做准备,为终身的教育事业能作出更大的贡献做准备。教师自身也要走向未来。教育的未来会走向哪里?未来教师的角色定位是什么?教师自身能否适应教育的未来?今日的教师如何为十年后的教育做准备?这些都是今天的教师不得不思考的话题。

一、教师是立德树人的智慧者

浇花浇根,育人育心。我国是中国共产党领导的社会主义国家,这就从根本上决定了我们的教育必须坚持立德树人,培养一代又一代德智体美劳全面发展的社会主义合格建设者和可靠接班人。

第一,高举立德树人的大旗。立德树人,关系到党的事业后继有人,关系到国家的前途命运。不管什么时候,我们为党育人的初心不能忘,为国育才的立场不能改。"才者,德之资也;德者,才之帅也。"人才培养是育人和育才相统一的过程,而育人是本。无论社会发展到何种程度,无论时空怎样变化,育人的根本永远在于立德,人无德不立是永恒的真理。这个"德"既有个人品德,也有社会公德,更有报效祖国和服务人民的大德。德"立"住了,人才能"树"起来，才能真正成长为对国家、对社会、对民族有用的人才。

第二，全面开发学生的潜能。爱尔维修有这样一句教子格言："即使是普通的孩子，只要教育得法，也会成为不平凡的人。"每个学生都有自己独特的潜能，学生将来能否有所成就的关键，就在于他的潜能是否得到充分有效的开发。教师要成为善于用细微的眼光观察学生，去发现学生的特长与天赋，用心引导，因势利导地加以培养的大先生，要充分挖掘学生的内在潜能，激发起学生对未来生活的美好追求。学习成绩虽然重要，但它绝不是一个人未来能否成功的唯一标志。重要的是要善于发现学生的所长，发掘学生的潜能，逐步让潜能成为显能。学生的潜能无限，每一个学生都是独特的、充满活力的人。成功必有定律，但绝不能仅仅以学习成绩论成败，学业成绩只是走向成功的一种方式，而通向成功的道路千万条。只要学生的潜能得以有效地开发并加以科学培养，让学生的专长得到充足发展，学生就很有可能取得成功，有所建树，实现自身的人生价值。

第三，多位培育学生的情商。情商，是情绪智力商数的简称，是一个人对情绪的认知及管理能力。情商的主要内容包括自我情绪认知能力、自我情绪管理能力、认知他人情绪的能力、人际交往能力四个方面。简单点说，就是一个人运用情绪，有效地处理人际关系，达成生命目标的能力。研究发现，情商往往比智商对人的影响更大。情商虽然会受到遗传影响，但后天的教育及学习更为重要。良好的亲子关系与先进理念下的家庭教育，充满魅力与激励的学校教育，一定会弥补学生情商的"先天不足"，培养出高情商的学生。自信是情商的重要基础及能力。自信是一个人情商能力的基础，其重要性就如同大楼的地基，在地基不稳的情况下，房子越高就越容易坍塌。许多教师喜欢用"你是最棒的"之类的话泛泛地夸奖学生，其实无益于培养稳定的自信。自信的学生有两大正面的自我认知："我是可爱的"和"我是能干的"。乐观是学生情商能力的关键。乐观的学生具备如下特质：总能看到事情积极的一面；相信自己有能力面对挑战，能把事情做得更好；把成功归结为自身的能力或努力；遇到困难不灰心、不放弃；认为总会有好的事情发生，有许多美好的期待。想要孩子快乐成长，教师应该从培养孩子乐观的习惯开始。幽默感和想象力是培养学生乐观能力的重要手段,也会让教育引导变得有趣有效。幽默感和想象力,是培养孩子学习兴趣、激发乐观人生的最佳方式。

新时代的学生生长在数字化时代,他们思维灵活,知识面宽广,受多元社会文化和不同家庭文化的影响,性格各异、个性凸显,给立德树人的工作提出了新挑战。教师只有成为立德树人的智慧者,与时俱进,和时代一起前行,才能适应未来立德树人的要求,才能成为未来优秀的教育人。

二、教师是终身学习的研究者

终身学习的能力,决定了一个人的人生高度。泰戈尔说过:"命运的主宰者是自己,而自己的主宰者是意识。"对教师有价值的,并不只是我们在大学念过书的事实,而是我们求学的态度,终生爱学习、终身爱教育的人生追求与教育创新的能力。

第一,践行终身学习的人生信念。学,可以立志;学,可以成才;学,永远不能停止;学,应该成为生命的永恒追求。只有学习,才能使人精神丰厚;只有学习,才能使人拥有正确的世界观。这就要求我们教育者应该建立终身学习的执着信念。靠个人终身学习获得的成功谁也拿不走,而靠关系网和权利罩护的成功随时可能被拿走;靠个人终身学习获得的成功度与幸福感更强烈。拥有持续学习、终身学习意识的人将不断取得进步,绝不会停滞不前。他们一步一个脚印扎实前行,伴随时光流逝不断滋养、舒展生长。一年过去,他们积累了一年的力量;两年过去,积累的力量倍增;十年、二十年、五十年过去了,就会积淀下与这段时光相称的能量。这样的教师才会永远走在时代的前沿,才能永远胜任教师的工作,才会成为终极成功的人。

第二,不断地探索教育的规律。按照人的成长规律和教育规律办事,提高教育水平,是国家教育的基本原则和指导方针。尊重学生成长的规律,尊重教育本身的规律,才能行动自觉,提质增效,事半功倍。但是,有没有教育规律?能不能认识教育规律?怎样认识教育规律?规律是否一成不变?这些需要教师用一生去探究,去揭示教育的规律,循规前行,守望学生的全面成长，促进学生的健康成长。

第三，给每一个孩子提供公平而有质量的个性化教育。老百姓特别关心教育的均衡问题，很显然现在区域、城乡、校际不平衡的问题还是存在的。我们相信随着改革步伐的加深，随着改革成果的显现，随着校长、教师的交流，随着集团化的办学，随着教师专业化水平的不断提升，每一个孩子都会享受到公平而有质量的教育，每一个孩子都能个性发展、快乐成长。

教育公平是社会公平的重要基础，要不断地促进教育发展成果更多、更公平地惠及全体人民，以教育公平促进社会公平正义。在新时代中国特色社会主义的伟大征程上，我们一定要让每个孩子享有公平而有质量的个性化教育，发展更加均衡、更加充分的教育事业，建成教育强国，为建成社会主义现代化强国打下坚实的人才基础。

教师不仅要与时代共舞，而且要引领社会的风尚。教师必须成为终身的学习者，丰厚文化底蕴，涵养精神品质，促进精神成长；教师必须成为终身的研究者，才能不断地发现教育的新规律，才能提供适合每一个学生成长的有质量的个性化教育。

三、教师是团队发展的合作者

学校要给每个孩子提供公平、有质量的教育，担当起时代赋予的使命，这就需要教师的团队精神、团队奋进、团队创造。提高团队合作意识，就要从根本上认识团队合作的时代价值与重大意义。尼亚思说过："合作使个体可以公开向他人表达消极或积极的情感，坦陈失败与弱点，发泄怨恨和失望之气，表露喜爱之情。在这种相互依赖的友好环境中，教师会感到最轻松最愉快。"面对种种压力，同伴间的合作可以有效地缓解负面情绪，强化道德视野和共同价值观，增强对抗挫折的坚定信心与探究精神，有助于教师的专业成长，更好地适应未来教育的需求。

第一，只有融入团队才能发展自己。实验研究表明，大雁"人"字形飞行比孤雁单飞节省约71%的能量。每只大雁振翅高飞的同时，也为后面的队友提供了"向上之风"和"向前之力"，这种雁阵飞行模式为每只大雁最大限度地节省了能量，并因此提升了团队的飞行效能。今天的教师要提高团队合作意识，在合作中促进自身的专业成长，在"雁阵"中成就自己。同时，在教师的团队合作中，自身学习的体会与实践经验可以在交流和碰撞中进一步明晰，逐步条理化、结构化、系统化，在同伴间相互的听课评课以及交流讨论、智慧提升中，教师的反思将更加全面、深入，避免了独自思考的局限性。无论教育的时空怎样变化，无论未来的走势怎样，教师只有融入团队才能更好地发展自己，更好地走向未来！

第二，只有团队发展才能促进个人发展。团结就是力量，团结是一切事业成功的基础，任何个人只有依靠集体的力量才能完成个人的意愿，任何团体只有依靠团队的力量才能达到预期的目标。教师专业合作是教师在职业生活中自然而然生成的一种相互开放、相互信赖、相互鼓励、相互支持的同事关系。所谓教师专业合作，就是教师们为了追求专业发展和改善学校教育实践，就共同感兴趣的问题，共同探讨解决的办法，从而形成的一种反思型、批判性、共成长的互动关系。教师专业合作的形式很多，常见的有集体备课、"同伴互助"和教师听课制、"同课异构"、群体结对、教师论坛、教研年会、项目研究，也有名师工作室和教师博客等。当团队有了强大的力量，当集体成为一种优质的品牌，教师个体也一定会在团队中快速成长，更加自信地走向未来！

第三，实现个人发展与团队发展的和谐统一。团队合作是为了达到既定的目标所显现出来的一种自愿合作与协作努力的精神。真正的合作是以"心甘情愿"为基础。当团队的合作是出于一种自身的自愿时，它必将产生一种无形而又持久的力量，可以调动所有成员的资源和才智，此无形力量胜于有形。团队的凝聚力和协作精神固然重要，但是和周围人之间的相互信任是团结的前提。信任别人本就是一种高贵的美德，与同事共事，首先就是要给予充分的信任。与周围的人共事，要多一分信任，多一分主动，多一分理解，多一分支持。营造出和谐的工作和学习氛围，每天都会保持一种愉悦的心情，让生命中的每一天都能快乐学习、快乐工作、快乐生活。

四、教师是情绪情感的管理者

今天的学生越来越有个性，良好的教育方法也很难适应每一个学生，师生之间也会存在教育的冲突，教师如何管理自己的情绪、控制自己的急躁行为，防止自身鲁莽冲动，就显得特别重要。在师生关系中，教师的情绪管理能力影响着教育效果。因此，我们要关注自己的情绪，学会与问题和平相处，不断地提高自己协调问题、解决问题的能力。

第一，情绪管理来自正确的价值观。在师生关系中，教师是教育者，富有教育管理学生的权力。正因为这种不对等的关系，我们才更应该时刻保持警觉，不能随意放任情绪，而要反躬自省。首先要学会包容学生成长中的问题，善于找到学生身上的闪光点，挖掘他们身上的潜能，激励其主动成长。然后以此为基础，慢慢引导其冷静反思、认识问题、自我改进、不断发展。教师一定要有正确的教育价值观，要教好"学生"，而不只是教"好学生"。花儿不一定开在春天里，它们都有各自的花期。教育者就是要用智慧去培养每一个学生，让学生在不断学习和解决问题中成长。教师要学会与学生的问题温和相处，学生出现问题是成长中的问题，是再正常不过的事，教师的教育情怀就是在不断地遇到学生的各种问题，然后慢慢地去引导帮助其解决问题中升华。我们不要奢望学生不存在问题，我们要相信这个世界都是由问题组成的，问题存在于一切事物发展的全过程。正是由于我们能讲策略、有艺术地解决学生的教育问题，才有资格成为教师。遇到学生的问题是教育常态，教师要用理性、平静的心态去面对它们，更要在探究学习、研究创新和教育实践中，不断地提高自己正确面对问题与有效解决问题的能力，储蓄内力、积淀能量，才能在未来的教育中施展才华，继续成就魅力事业！

第二，情绪管理需要精神涵养。教育的本质就是教师按照培养目标有目的地引导学生，影响学生，让其愉悦成长在前行的路上。这种影响不仅仅体现在知识的学习、能力的提高，而是全方位的，包括学生的思维方式、行为习惯、情感体验、价值认知、多维发展、自我反思、自觉成长等。面对鲜活的生命，教师要始终保持教育者最美的姿态，用中华优秀传统文化涵养自身心灵，用博大的胸怀、高尚的灵魂浸润学生的血液，用温暖亲切的语言与学生友善对话，给学生成长的动能，给学生反思的勇气，给学生智慧的点拨，给学生无穷的力量，助力学生在明理中成长。

第三，教师要善于管理好自己的情感。教师的心理压力也许会大于其他行业，因为他们肩负着"传道、授业、解惑"的重任，面对多元家长的高期望。往往压力越大，自身的承受力就越小，这样工作效能就会降低。所以，对于心理压力，教师一定要找到自我调节的方法，有效地管理好自己的情感。教师如何管理自己的情绪？要知道自己所遇到的问题、压力和挫折别人同样也会遇到，只是时间的早晚而已。因此，别人能正视并勇敢面对的事，自己如果想做，通过努力也能做到。就算没有获得多大成功，至少可以一搏，以防后悔。机会是均等的，只有在准备中等待机会，才能善于抓住机会。所以，学会自我安慰、自我激励、自我控制情绪、自我积极心理暗示，挖掘自己的潜能，才能走出属于自己的路。得与失贯穿于人的一生之中，关键在于情感态度和价值观取向。如果能把困难和压力视为成功的前兆，使逆境成为成功的垫脚石，将危机当作机遇的起点，那么就能积极地看待人生的苦恼，把握自身情绪，坚强而又愉悦地行进。

教师是文明的使者，是中华文化的守护者，是民族精神的国防军，是社会主流价值的奠基者。教师的工作既关系到人类社会的今天，也影响人类社会的未来。因此，教师在面对学生成长中的种种问题，面对社会的各种诱惑时，心中要有定律，要有敬畏，要有修养，管理好自己的思想情绪，把握好时代的脉搏，展现出新时代教师的靓丽风采！

五、教师是和谐关系的创建者

教书育人、五育并举，是教师的主要工作和根本使命。和谐的师生关系体现在师生之间民主、平等、真诚、友善、相互信任、相互尊重，它使师生之间和谐地进行心灵的对话、人格的交流，共同享受校园生活，实现同生乐长。

第一，教师重要的使命是传承过去、创造未来。教师，首先要自己像

"人"一样地活着,才能对别人产生影响。活得像个"人",并不是说像一个圣人,而是说其很真实、很努力、有信仰、有激情、爱孩子、爱生活、重传承、重创新。教师在学生面前呈现的是其全部的人格,而不只是"专业"。走向未来的教育在于每天的"微变革",这种"变革"是基于未来前瞻的"变革","洞见"未来的"变革",方能路径清晰。走向未来的教师在于每天的"微行动",这种"行动"是基于未来视野的"行动"。唯有对未来教育发展趋势的预判,才能让教师今天的"行动"明晰,才能创造未来,才能成为未来教育所呼唤的理想的未来教师。

第二,有好的师生关系才有好的教育。人是社会关系的总和。教育学就是人学,处理好各种关系,就能够做好教育。要成为一名好教师,最为重要的是成为学生喜欢的教师。学生喜欢教师,才会乐意接近,才能够敞开心扉,教师才能了解学生的真实想法,才能有效地引导与启发。教育需要改革,学校需要改变,但是最终的改变在于每一名教师的内心。教育发展的过程,就是教师心性改善的过程。我们都要主动改变,从自我开始,不断地做最好的自己。我们都是一滴水,映照着这个世界。你美好了,我美好了,世界也就美好了。

第三,教师要成为和谐关系的主导者。苏霍姆林斯基说:"建立教师与学生的友谊,是一种艰巨的劳动,需要花费巨大精力。有人认为,教师与学生建立友谊,只需跟他们去行军、烤土豆、坐在篝火旁分享他们的欢乐,就够了。这种看法是很不对的……与学生建立友谊——是用我们的力量、我们的思想、我们的智慧、我们的信念、我们的情感修养,使学生的思想和情感变得高尚起来。为缔造师生友谊,需要巨大的精神财富。如果没有这种财富,友谊将会变成低级庸俗的亲昵。"

第四,用力量、思考、理智、信念、情操与期待鼓舞学生。印度电影《嗝嗝老师》,被誉为"2018年最不可错过的校园题材电影"。奈娜老师刚开始受到一群(14个)"坏"学生的质疑和戏弄,可是最终的结果是奈娜老师用饱含热情的真心把他们变成了热爱生活与学习的好学生。奈娜老师的创造性手法多种多样,但有一点最为基础、核心,就是在先前早已恶化的师生关系中寻找突破口。这个突破口就是奈娜老师将所有遇到的冷漠、质疑、戏弄都逐一地融化在对14个学生那份深深的爱中，最终既成就了学生也成就了奈娜。影片中有一段话："普通的老师是教书，优秀的老师是教做人，而伟大的老师是让学生明白教育的真谛。"多么耐人寻味！

六、教师是学生成长的领导者

教师对学生的管理是扁平化的，复杂多变的情景对教师的领导能力是一个很大的挑战。目前的课堂教学还不尽如人意，原因就是我们没有认真研究教师如何提升领导学生学习的能力。

第一，管理是教师最重要的能力。著名教育家陶行知先生说过："教育就是社会改造，教师就是社会改造的领导者。在教师手里操着幼年人的命运，便操纵着民族和人类的命运。"作为一名教师，不仅要掌握有关的专业知识、专业技能，还必须具备足够的教学能力、组织能力，才能进行有质量的课堂教学，保证教育教学目标的顺利实现，从而全面提高教育质量，为建设和谐社会、实现强国梦作出自己应有的贡献。教师在这其中扮演了重要的角色，而课堂管理的技巧也是衡量一位好教师的标准之一。教师应从课堂环境管理和课堂纪律管理两方面入手，为学生营造一个良好的课堂学习环境，激发起学生学习的力量。课堂教学管理必须紧张有序、昂扬向上，管理过程应是师生之间信息、思维、情感、人格精神互动对话的过程，在这一过程中学生的个性得到充分的发展，教师的自我价值、创新精神和人格魅力得到充分的展示。课堂的管理应努力做到科学性、教育性、艺术性的和谐统一。

第二，教师要引导学生把教学目标转化成学习目标。将教学目标转化为学习目标是在课堂上落实核心素养，特别容易被忽视的环节，是从"教"走向"学"的前提和保障。在课堂上，教学目标转化为学习目标，学生才知道做什么；学习目标应让学生能看懂；学习目标应能够指导并促进学生深入学习。教学目标与学习目标，本来是两码事。"教学目标"通常是高度概括。教师描述知识目标常采用较抽象的动词，对过程与方法目标描述得比较笼统、概括，对情感态度与价值观目标描述得较形式化。教师主导教学内容的实施，主导教学活动的开展，主导教学评价的过程。教学目标的实施更侧重教师的主导。教学目标是从教师的视角进行描述，教学活动的开展更侧重教师的组织，教学评价也主要由教师掌控，自然这种教学目标的达成对教师的依赖度更高。教学目标的达成更依赖教师创设教学情境和教师的分析讲解。"学习目标"是学习的出发点，也是学习的归宿。确立具体明确的学习目标是每位学生的首要任务，学习目标越明确、越符合学生的实际情况，学生就越能够获得成功，在成功中体验学习的喜悦，人生从此充满活力、展现激情、感受美好。学习目标是学生自学的"纲"，有了这个"纲"，可使学生明确这节课要学习的任务，从而用问题驱动促进成长。

第三，教师要设计挑战性任务并让学生成为评估学习效果的主人。挑战性学习任务是指教师设计提供学生进行探究性学习，以促进目标达成的学习材料。一般来说，挑战性学习任务有以下特点：一是非常规。设计的问题有创意、新情景、多视角，但不是偏题、怪题、高难题，能引领学生探究的兴趣，激发起其内生的力量，提升团队合作力、知识迁移力、思维拓展力。二是有一定的难度。在难度的设计上要搭建好台阶，注意问题上升的逻辑关系，要迸发出攀登台阶的勇气与热情，激发起学生跳起来摘桃子吃的心力。三是能够激发学生的学习潜能。教师永远不要低估了学生的学习潜能，特别是学习小组的集体学习力，只要充分凝聚学习小组的集体力量，发现合作学习的密码，把每一个学生引导到学习的高速路上，他们的学习潜能就能被有效激发，他们就会在学习的高速路上奔跑前行、愉悦前进。

评价是教学活动不可缺少的重要环节，而不同的评价会引导学生向着不同的方向发展。如何建立一种合理有效的，适应新时代学生成长特点的，能激发学生学习激情与投入的评价体制，是亟待探索研究与创新解决的问题。让学生成为评估学习效果的主人是促进学生自主成长的重要方式。师生一起讨论学习效果评价的方位、要素，强化学习过程的激励评价、多元评价、理性评价，确立个体学习效果评价、小组合作学习效果评价的主要元素及标准，促进学生对学习效果的个人自评、小组自评、个体互评、小组互评，通过学习效果的自我评价、他人评价，创建一种自主评价的学习文化，以评促学，以评励学，真正实现自由发展、自觉成长！

　　新时代的教师，既要登高望远、仰望星空、展望明天、提前谋划、勇创未来，又要脚踏实地、善于学习、勤于研究、精诚合作、干在当下、乐于奉献。用"知识就是力量"鞭策自己，用智慧之火点亮梦想，如饥似渴地吸吮着优秀的中华文化，为振兴祖国教育积蓄自己强大的能量，扎根在共和国这块希望的教育田野上，甘为人梯，兢兢业业，行为世范，引领潮流。用忠诚感恩的情怀回馈党和人民的培养，为未来教育做好充分准备，在建设强国梦的征程上挥洒青春汗水，努力为共和国的教育事业作出更大的贡献！

附　录

《教育家》杂志专访吴田荣：教育在孩子身上的映射

在历史文化底蕴厚重的北京市东城区，始建于 1960 年的和平里第四小学算不上是一所老校。但年轻并不代表没有自己的内涵和传统；正因年轻，反倒没有那么多历史遗留的条条框框。这所诗意地栖居在交林夹道最深处的小学，五十多年来，历任五位校长。有趣的是，他们身上都有几个共通的符号：务实高效、平易亲和、包容向上。用现任校长吴田荣的话来说，就是特别"接地气儿""我们都坚守简单的、朴实的、有效的教育，追求一种'实用教育'"。校长之风，就是一校之风。和平里四小的这股风，绵延至今，一脉相承。

吴田荣，是那种初次见面就让你觉得很投缘的人。性情中人，处处流露着真性情，毫不忸怩作态，一如那些她精心培育的学生。从 1992 年开始，她在这片希望的沃土耕耘了 23 年，"首先认同它，然后发展它，最后创造它，波浪式前进，螺旋式上升"。

有位家长谈及自己钟情于和平里四小的原因时说："我不太懂教育的，更谈不上专业。若想看一所学校的好坏，就到校园里转一圈，看一下孩子们的精神面貌，就知道他们过得是否快乐。"吴田荣淡淡一笑："其实这位家长才是真懂教育的，他抓住了教育的核心，把关注点聚焦于教育在孩子身上的影射。"

和平里四小给人最直接也最整体的感觉是"阳光":阳光的孩子,阳光的校长,阳光的教师,阳光般灿烂的笑容,阳光下爽朗的笑声。和平里四小为什么处处弥漫着的阳光味道?这要从它的"减负"工作说起——

减负:乌云万朵皆消散,一束阳光满校园

有效的课堂,是减负工作的首要重点。用吴田荣的话来说:"学校里不抓教学,那怎么成?"有的教师授课时总想着面面俱到,这种认真态度是值得赞赏的,但细想之下:正因为他把握不住重难点,才觉得什么都重要,任何一块内容都不肯放手。

"会学比学会更重要",吴田荣认为,"我们要为学生的人生发展留足后劲儿"。譬如语文课,吴田荣说:"我们没有必要也不应该把一篇课文掰开了揉碎了去进行机械式的解读,而是应从整体上帮助学生去把握和比较。""什么是毛茸茸?什么是亮晶晶?"再也不要翻着字典使劲儿给学生解释了,教师累,学生更累。语文教师们把一只"泰迪熊"带到班里给孩子们抚摸,"哦,这就是毛茸茸";把玻璃星星带给孩子们观赏,"哦,这就是亮晶晶"。千言万语,解释不清;亲眼所见,过目不忘。

关于减负,最直观体现、最广为关注的,是作业量。通过问卷调查,吴田荣总结出了当下作业布置情况的三个问题:作业量过大,用时过长;作业形式单一,缺少层次;欠缺有效的指导。她提出了作业设计中的"加减乘除"四法:开放作业内容多"加法",提升学生能力;弹性安排作业重"减法",发展学生个性;丰富作业形式用"乘法",培养学生兴趣;研究型复习课靠"除法",尊重学生自主。

结合北京市东城区倡导的"变地毯式轰炸为精准制导"的理念,通过分析不同类型的学生作业中的错题,和平里四小研究并实施了作业记录制度,增加了计时栏目,请家长和学生都参与到作业管理之中。作业记录表分为:日期、科目、内容、所用时间、教师留言、家长签字或留言。透过"量",来看"质",教师通过家长反馈的信息,就能看出自己的教学是否有效。记录作业时间,有利于学生、家长、教师通过用时的多少(有效,则做作业

快；无效则反之）初步诊断学生的学习问题。而数学、语文、英语、其他四类科目的平行模式，则避免了学科之间的互不相通，避免"深一脚、浅一脚"的不均衡式学习现象。

为了让孩子们长得更健壮，避免出现"豆芽菜""小黄瓜"，减负过程中，和平里四小不仅关注课堂、作业，尤为关注体质，把作业减下来的时间用来提高体质。在"健康第一"的理念指导下，在"体育锻炼一小时"的内涵要求下，和平里四小的阳光体育活动进行得有声有色，譬如创编了花样跳绳操、花样踢毽操、篮球操等多种健美操，开展了跳绳、篮球班级对抗、长跑等多项体育竞赛，开发了太极拳、空竹、皮筋、花样跳绳、绑腿跑、推铁环、身体素质练习、羽毛球基本训练等多个训练项目，并成立了田径队、篮球队等多支体育队伍。

近三年，和平里四小还推出了"学校体育之星"评比活动，公布了和平里四小"体育之星""健康之星"的评比标准，将印发的《和平里第四小学"体育之星"活动手册》作为学生的阳光体育档案，把学生的体质健康状况、参与体育活动的表现、平时体育测评的成绩等成长数据记录在案，作为学生综合素质评价的重要指标，并将学生体质健康水平作为评估学校实施素质教育的重要依据。尤其值得一提的是，活动手册从宏观和微观两个层面着眼和入手，注意到了双休日、寒暑假这些体育锻炼的"真空地带"，便设定了运动量标准，发动家长每天进行有效指导，评测力量、速度、灵敏度和柔韧性等运动指标，还从膳食营养等方面进行干预，保证"体育作业"不再从孩子们的生活中溜走。吴田荣打趣地说："体育作业需要练。不叫'写作业'，而叫'练作业'。"

减负和增效，是鸟之两翼、车之双轮，减的是量，增的是质。通过减负，孩子们的书包从"大胖子"变成了"瘦美人"。但如何在减量和增质之间寻到一个平衡点，做到瘦身而不损体？这要从和平里四小丰富多彩而又稳健扎实的课程建设说起——

课程：赤橙黄绿青蓝紫，百样课程尽如斯

和平里四小追求"以美养德、以美启智、以美健体、以美陶情、以美促劳"，将德育、智育、体育、美育和劳育等有机统一起来。"课程建设是灵魂。"学校的发展，要从课程开始。义务教育体制下的普通小学，要有思路、有想法。特色怎么形成？文化怎么传承？没有课程是不行的。

俗话说："家常菜最养人。"和平里四小紧跟国家课程，"把国家课程开足开齐，上好上精"，把每堂常态课都上得高效高质。连续三年，和平里四小的三、五、六年级在全北京市的抽测中，毕业班在全东城区的抽测中都取得了不俗的成绩，可为例证。

吴田荣提出了和平里四小课程建设的"一体两翼"：以学生全面发展为一体，以艺术教育课程、科技教育课程为两翼。她充分给予孩子自主权，建立"课程超市""课程商场"，孩子们可以自主选择课程，就像去超市购物、去商场逛街一样。

管弦乐、舞蹈、剪纸、漫画……46门校本课程各放异彩，把全校所有教师都动员起来，譬如语文教师的"成语漫画接龙课"，信息教师的"电脑绘画""世界电影欣赏"，音乐教师的管乐队、管弦乐队，科学教师的儿童科普课，体育教师的形体训练课等。

每年一届的体育艺术节，是一个全校总动员的大舞台。由于邀请了教师、家长共同加入，人人参与，人人体验，尤为凸显了亲子、亲朋、亲师之间的互动。每个学生都有作品，都能展示，舞火把，放孔明灯，用废旧报纸进行时装表演，用废旧箱子制作动力火车……简直就是一个欢乐派对，学生个个开心得不得了。很多家长也抑制不住那个兴奋劲儿："什么叫放飞孩子心灵？这就是喽。"难怪每年都会有一批已毕业学生的家长带着孩子回来参加这场盛会。有些家庭祖孙三代都在这里上小学，他们打心眼儿里认同、接受和平里四小的教育，和平里四小的精神和气质就像融在血液里的亲缘关系，代代传承。大而观之，教育，对一个家庭的影响是可持续的。

作为"北京市艺术教育特色学校",和平里四小的美育也是深有传统的。北京市第一位美术特级教师胡明亮,当年创办了《毛毛雨漫画报》,是京城漫画第一家。1989年,胡明亮调任和平里四小。1990年,他产生了将漫画引入课堂的想法。紧接着,学校便允许他一节课完成教学大纲,一节课用来教漫画。如鱼得水,梦想成真,胡明亮在实现个人价值的同时实现了教育价值。在今天看来,这种特色课程的开展是多么地超前。吴田荣说:"当年我们所做的,其实就是今天所说的校本课程。"我们不禁对和平里四小的大胆和包容充满敬意。

吴田荣说:"我们可能看不到孩子的成功,但要为他们的成功打好基础。"互联网上流行着一个段子:"刚付出就想有回报的人适合做钟点工,按月得回报的适合做工薪族,按年领取回报的是职业经理人,能等待3~5年的是投资家,能等待10~20年的是企业家,能等待50~100年的是教育家。"

毛泽东青年时期挥笔写下一副简洁明快而又雄浑有力的对联:世界是我们的,做事要大家来。欲做多大的事,便需多大能耐的人。如何实现国家课程和校本课程的有机结合,保障和维持课程建设的有效性和持续性?这要从和平里四小那支业务精湛而又满怀热情的教师队伍说起——

教师:待人以宽待己严,成竹一片画胸前

在教师队伍建设上,吴田荣看重一个"风"字。所谓"风",就是学校所应引领的价值取向。风吹而气动,氛围自形成。她形象地说:"风气和氛围,就像一只无形的手,抓着你,笼着你。"学校就像家一样,家有家风,校有校风。校风严则师风端,师风端则学风正,学生的风格、风骨、风尚、风范,于斯乃见。

和平里四小的校长、管理中层、教师同一个气质,这是一种自上而下的引领;校长虚怀若谷,教师呈言献策,有纲猷,有反馈,这是一种自下而上

的推动。和平里四小的文化，是一种"和"的文化、包容的文化。这种亲切的人际关系，被吴田荣戏称为"护犊子"：校长不说干部不好，干部不说教师不好，教师不说学校不好。

有个年轻教师在别的学校被认定为不称职，甚至被校长断言"此人不适合做教师"。可他加入和平里四小以后，表现出来的却是熟练的授课、实干的精神、谦虚的品德。问及缘由，他也一脸无奈："有的校长看不到我身上的长处，只因为家长的一封信，便从此对我戴上了有色眼镜。"吴田荣说："站在一个更大的平台上，他很快能成为一名骨干教师。"好的学校，能让慵懒懈怠的教师脱胎换骨，也能让身有所长的教师一展锋芒。

不了解，无教育。孩子最佩服入脑入心的教育，他懂得谁是对他好的。吴田荣说："我们必须记得：孩子从一降生，就是一个'人儿'。"因此，我们要尊重他，呵护他，关心他，把孩子当成"人儿"来看待，而不是一个填充知识的容器。学校好，学生就好；学生好，能使学校更好。

学生是人儿，教师也是人儿。只要是人儿，便有喜怒哀乐。吴田荣对教师说："你可能在外面跟人吵架了，或者接了个不愉快的电话，但只要一来学校，就要把这一切抛至脑后，以最美的状态走进课堂，以最美的微笑面对学生。在学校之外，你是父母的角色、儿女的角色、邻居的角色；但在学校里，你就是一个育人的角色。只有这样，才能使学生亲其师而信其道。"

北京市东城区原教委主任冯洪荣说："天天讲师德，都不为过。"学生喜欢的教师是什么样的？吴田荣发动学生选举"我心目中的老师""我心目中的班主任"……无声胜有声，榜样力无穷。教育评价有激励作用，我们应当给教师们树立一个楷模，指引一个方向，以更好地服务于学生和家长。"和平里四小的教师很知性"，是很多教育界人士的共识。

宋庆龄说："我们应该把最美好的东西送给我们的孩子们。"孩子长大后，首先是一个合格的公民，一个对社会有用的人。教师言行举止一定要美，因为随时都有那么多双童真的、清澈的眼神在看着。教师不能随便下任何一个判断，定任何一个结论，因为学生会用一生的时间去检验它。吴田荣神情凝重："教育的责任，真的是沉甸甸的。"吴田荣也问过一些教师选择这份职业的初衷，得到的回答常常是：当初上学的时候，某某老师对我特别好。一位好的教师，或许可以影响学生未来的职业规划。

快乐是一种积极的情绪——它是可以传染的。有开心的学生，便有开心的教师；有阳光的教师，便有阳光的学生。"潜下心来做教育"，是吴田荣对己对人的期许，因为心沉得下来，所以笑在脸上开。

气质是一缸浓郁的酱香——它是能够濡染的。"真正做教育的人，你一看就知道他是做教育的"，吴田荣为人沉稳低调，做事昂扬进取，日积月累，把自己的性格融入和平里四小的气质之中。

教育是一个驭风的声音——它是经常回荡的。"力的作用是相互的，在教育孩子们的同时，孩子们也在教育着我"，吴田荣的年轻心态，可不就是因为与年轻的孩子们朝夕相处？她，愿以年轻的心态将教育之路一直走下去。

《现代教育报》学校文化大家谈：让学习在"海洋"中真实发生

每年6月8日，是世界海洋日。十年之前，联合国设立这一宣传日，意在呼吁各国关注人类赖以生存的海洋，体味海洋所蕴含的丰富价值。如何从无垠的海洋中挖掘教育价值，在小小公民心中种下一颗海洋意识的种子？今天就让我们看看北京市东城区和平里第四小学优质教育资源带的经验。

让学习在"海洋"中真实发生

《中国学生发展核心素养》发布后，我们意识到，落实核心素养必须从学校课程建设入手。而在构建学校课程时，只有让学科课程和跨学科实践课程交互在一起，才能够实现让教育和学习回归生活，才能体现儿童学习的全部社会意义，使儿童以知识学习为本位，转变为以"核心素养"为本，逐渐走向"深度学习"。那么，我们到底要寻找到怎样的载体，才能承载这两种课程形态的交互呢？

深沉的大海凝聚着一种无法言说的神秘力量。她能承载历史，托起巨轮，孕育生机，繁衍生灵，传承文明。自2014年起，学校在"以美育美"课程体系的基础上，再次深度挖掘，充分整合利用社会资源单位的优质资源，开展了以"海洋"为主题的实践课程研究。

海纳百川：追求学科整合之美

学生的学科能力和学科素养是在相应的学科活动中形成和发展的。学科活动的目的是让学习者的亲身经历与学科知识建立联系。学科活动要体现经验性，让儿童通过经验的获得来重构知识，这是让儿童学习真实发生的基础。

在重新认识学科活动真正价值的基础上，我们精心梳理出了"海洋"综合实践课程中所涉及的相关学科知识内容，进行了多学科知识的"化学性"融合。

"海洋"综合实践课程将国家课程语文、数学、英语、科技、美术和音乐等学科融为一体。语文学科，在口语交际中对海洋生物外形和习性进行介绍；数学学科，通过比较知道海洋生物的分类；英语学科，围绕海洋环保问题阅读相关文章；科学学科，谈论海洋技术的意义；美术学科，通过看看、画画、做做等方法，让儿童大胆、自由地表达所见所闻、所感所想；音乐学科，则倡导音乐要与艺术和其他学科有机联系和综合。

我们将一至六年级学生的学科知识对接，整合学科资源，发展学生综合能力，努力在"海洋"课程中体现学科整合之美。

海阔天空：探索学习的"可视化"

在构建海洋课程时，我们还格外注重整体性和综合性的体现。整体性是指打破原有的分年级学段设计，将各年级学段打通进行整体设计，以加强年级学段间的紧密联系；而综合性则是学科与学科之间的融合。

以往的课程框架多为分科教学，而现实中，用单一的任何一门学科来认识世界是不可能的，用单一的任何一门学科来进行创新也是不可能的。因而，构建综合课程框架进行跨学科和学科融合课程实施与教学是至关重要的。

学校"以美育美"课程体系共有6大类别，而"海洋"课程凸显了将课程类别中"语言与文学""人文与社会""科学与技术""综合与实践"进行充分融合的优势。

比如，学校高年级学生的"海洋"课程就有"书海探寻　海洋的秘密——走进图书馆"，让孩子们从文学作品、科普文献中了解海洋。再如，中国雪龙号赴南极科考，我们就多次带领学生走出课堂，登上雪龙号，与科考队员面对面交流。这些课程中的师生体验，再次体现了课程"可视化"让学习真实发生。

学海无涯：实现学习方式的融合

"海洋"综合实践课程的学习方式，如同海洋生态般丰富多样、色彩斑斓，既有自主实践，也有生生合作。学校让儿童在学习任务单的指导下，和家长一起走进图书大厦，上网查阅资料。组织"集体走出去"，前往海洋馆、海洋气象局等资源单位，实地体验、调查、采访、感受。与此同时，还将海洋专家、科考队员请进学校，亲自为孩子们上课，让孩子们在专家、名人的指导下学习、实践。

我们认为，这种基于情景化、问题化的"项目制"学习方式，是未来课程深度融合实施所需要的主要学习方式之一。这种学习方式能让学生在学习中，在对问题的追寻中，慢慢形成一种知识结构——从低结构到高结构，从单学科的结构到跨学科的结构，从认知知识到识知真实的世界。

在这过程中，我们与海洋的距离越来越近，学生切身体会到科学就在身边，看得见，摸得着，感受到人类对海洋的探索没有止境，孩子们对于海洋文化的热爱更是油然而生。

吴田荣在中国教育学会第四届课堂教学研讨会的发言：学校高质量发展的新动能
——"以美育美"课程的创新实践

尊敬的各位领导，专家，老师们：

上午好！

我是来自北京市东城区和平里第四小学的校长吴田荣，今天将以"学校高质量发展的新动能"为题，围绕我校"以美育美"课程创新实践与大家进行交流。

在加快建设高质量教育体系、全面提高人才自主培养质量的背景下，2023年5月，教育部办公厅印发《基础教育课程教学改革深化行动方案》，从课程方案落地规划、教学方式变革、科学素养提升等5个方面提出14项举措，促进基础教育课程教学改革的深入推进。教育的重心在教学，教学的核心在课程。学校课程建设是学校发展的命脉，是影响学校高质量发展至关重要的因素。今天，我想跟老师们汇报的是立足本校实际，和平里四小促进课程方案转化落地、以课程建设为支点撬动学校高质量发展的创新实践。

第一，落实新课程理念，完善学校"以美育美"育人课程体系。

一直以来，我校凸显"以美育美"办学特色，本着"给孩子们最美的教育"的宗旨，着眼于全体学生健全人格的塑造，将美育贯穿教育的全过程，形成了"以美养德、以美启智、以美健体、以美陶情、以美促劳"的育人模式。我校基于"以美育美"深厚的文化积淀，坚持美育品牌，以美育为载体，践行大美育观的理念，将美育融入学校教育教学中，打造出了具有美育特色的教育生态。

自新课程方案颁布以来，我们基于多年实践，以课程实施方案的编制、实施和修订完善为主要抓手，因地制宜规划高质量发展背景下的学校课程及其实施。基于新课程方案要求，发挥学校文化在对学校课程建设和发展方向的引领作用，我们进一步完善了蕴含学校特色的"以美育美"课程体系。

我校构建的"美育互动"式课程体系，涉及六个维度：语言与文学、人文与社会、科学与技术、艺术与审美、体育与健康、自然与环境及各学科和领域的综合与实践。上述每个类别中都有三个系列：基础课程、拓展课程、特色课程。其中美育文化是我们课程深入探索与实施的核心。

2022年，《义务教育劳动课程标准》的颁布，将劳动教育正式从综合实践教育中脱离出来，形成了一门专业课程。为此，我们及时调整课程体系，在课程设置中注重强化学生的劳动观念、弘扬劳动精神，强调将劳动观念和劳动精神教育贯穿人才培养全过程，贯穿家庭、学校、社会各方面。例如，我们邀请了同仁堂医生与孩子们共做紫云膏、山楂丸；结合园艺心理开设地坛种植课和家庭种植等课程。在丰富多彩的劳动教育课程中，孩子们掌握了基本的劳动知识技能，在此过程中，同时领悟了劳动的意义价值，逐渐养成勤俭、奋斗、创新、奉献的劳动精神。

概言之，为落实新课程、新课标，我校进一步完善了课程体系，切实落实五育并举，面向全体学生促进学生全面发展，重视培养学生的综合素养，学有所长。

第二，以综合实践课程为突破口，注重教学创新，推进课程与教学方式变革。

综合实践课程是我校落实立德树人根本任务、培育核心素养、撬动五育并举的关键举措。依据《中小学综合实践活动课程指导纲要》，小学阶段综合实践课程总体目标为价值体认、责任担当、问题解决和创意物化等。基于上述目标，结合相关政策，我校以综合实践课程为突破口，从学生的真实生活和发展需要出发，从生活情境中发现问题并转化为活动主题，强调通过探究、合作、实践、体验等方式，培育学生的关键能力和必备品格，落实立德树人的根本任务。

在学科实践活动课程的开发和实施中，我们避免用学科教学内容简单替代，而是突出其实践性、探究性，尽量依托参观、调研、制作、实验等形式，逐步形成了学科内综合以及跨学科的多主题、多层次（知识类、体验类、动手类、探究类等）的系列课程。依托课题研究，我们已经开发出"传统文化——走进荣宝斋""趣味数学——游戏中的数学""生命课程——大自然的礼物"等深受孩子们欢迎的学科综合实践课程。

跨学科课程是儿童获得直接经验的学习，它关注的是儿童面对真实世界时的真实体验和直接经验，以儿童的社会生活相统合，帮助调动已学的书本知识的体验过程。在全市展示的我校海洋课程，以及"自行车里的学问"等探究课程中，均注重学生体验的整体性和综合性，在活动体验中体现了课程"可视化"，有利于孩子们获得对世界完整的认识。

在综合实践课程中，学生们走近英雄模范、杰出人物，比如，我们请来"北京榜样"李萌阿姨，为同学们讲述劳动者的故事，深入了解和谐社会的建设情况。同时，中高年级开展了垃圾分类、绿色环保、节能调查、光盘行动等调查性活动，在活动中培养了学生的创新精神和解决实际问题的能力。

以综合实践课程为突破口，通过学科实践和跨学科课程等方式，我校积极探索了育人方式变革的有效举措。我们深刻认识到，课程教学改革的全部理由在于育人，使人成为完整的、活泼的全面发展的人，对人的一生负责。因此，我们主张，将书本知识还原到生活、生产的现场，让学生做中学、用中学、创中学，从中感悟学科内在的思维方式、价值观念和文化精神，促进知识向素养的转化。

第三，充分利用社会资源建构校本课程，满足学生个样化学习需求。

在有效实施国家课程，规范开设地方课程的同时，我们注重开发校本课程，注重增强课程设计及教学活动的综合性、实践性与选择性，满足学生多样化学习需求，促进学生全面而有个性的发展。

我们充分整合优质教育和社会资源开发校本课程：与忆空间文化公司共同开设跨学科主题课程"北京城与大运河""探秘北京中轴线"；与非遗与设计学院研发"官式古建筑营造技艺""玲珑枕非遗技艺""古诗文剪纸"等课程；与同仁堂围绕"我是小中医"，实施"八段锦""四季香囊""中药代茶饮""养生药膳""穴位贴制作"等实践课程；与中医药大学开发"中药传说故事""医学成语故事""我是小神农"等实践课程；与中科院等高等院校合作，指导学生科技创新发明课程、植物与昆虫研究课程；与中国海洋报社合作实施海洋科普系列课程；与地坛体校合作实施击剑课程；与艾美基体育发展有限公司研发系列冰雪课程。主题多元的校本综合实践课程扩展了孩子们的视野，深受孩子们的喜爱。

依托东城区"社会大课堂""学院制""学区资源单位"，我们注重通过采用参观、访问、考察等方式走进各大博物馆、科技馆，将书本、课堂所学与参观、体验、实践密切结合，满足了3000余名学生的学习需求、个性发展。

第四，强化技术赋能，加强数字化课程资源建设。

基于信息化的飞速发展，学校努力探索"互联网+"教育教学模式，打造了"美育云端课程"共享平台，推动学校课程建设与信息化技术充分结合，开启了课程建设的新格局。

秉承着"以美育美"的育人理念，多彩丰富的"小美云"课堂成为特色校本课程的重要部分。课程设计包括六个模块：塑造美的心灵——美育课程；探秘美的世界——科学探索课程；提升美的鉴赏——艺术创作课程；绽放美的体魄——体育健康课程；参与美的实践——动手实践课程；发现美的生活——综合应用课程。各部分内容以课程超市的形式向全体学生推送更新，特别适用于课后服务的模块学习，为学生提供了广阔的自主学习空间。

"小美云"课堂注重构建课程资源的系列化、系统化和逻辑性，实现线上线下有机融合、互补，全面系统构建育人生态，以课程超市的形式每天向全体学生推送更新，为学生提供了广阔的自主学习空间，让学生在充满智慧的课程学习中，实现德智体美劳全面发展，进一步促进学校教育的高质量发展。

培养什么样的人，是我们的课程指向。在"明理、优雅、勤勉、向上、全面发展、学有所长"育人目标指导下，我们培养的是走向未来的人，应该有深厚的人文功底，扎实的科学素养，追求超越的创新精神。"以美育美"课程让教育和学习回归生活，体现儿童学习的全部社会意义，使儿童以知识学习为本位，转变为以"核心素养"为本，逐渐走向"深度学习"，让儿童学习真实发生。

以课程建设为重要着力点,我校在高质量发展新征程上迈出了新步伐,学校育人质量也得到了社会各界的广泛认可。我们将沿着"实现人人皆学、处处能学、时时可学"的方向,将课程建设位于学校高质量发展的核心位置,着力提升学生的核心素养,丰盈生命教育的内涵,铸就学生美好的未来!

(发言日期:2023年11月12日)

吴田荣在北京市教育数字化背景下创新展示活动中的发言:跨越学科边界,赋能育人方式变革

尊敬的各位领导、来宾、老师们:

上午好!首先欢迎大家来到由北京教育学院信息科技教育学院和北京市东城区教科院主办,由东城区和平里第四小学承办的"跨越学科边界,赋能育人方式变革"校本研修展示活动现场。

多年来,本着"给孩子们最美的教育"宗旨,我校着眼于全体学生健全人格的塑造,致力于培养学生全面发展、创新思维和实践能力的提升,在"以美育美"办学指导思想的引领下,构建了"以美育美"育人课程体系。多彩丰富的"小美云"课堂成为特色校本课程的重要部分。

"小美云"课堂注重构建课程资源的系列化、系统化和逻辑性,实现线上线下有机融合、互补,全面系统构建育人生态,以课程超市的形式向全体学生推送六大模块,涵盖各领域学习的丰富课程,为学生提供了广阔的自主学习空间,让学生在充满智慧的课程学习中,实现德智体美劳全面发展,进一步促进学校教育的高质量发展。

特别是近两年,随着数智化教育研究的不断推进,在"小美云"课堂不断建构、探索、完善的过程中积极推行跨学科教学,借跨学科主题学习活动打破单一学科本位的束缚和壁垒,增进学科间互相渗透和资源整合,更好地体现课程教学的"开放性""真实性"和"综合性",搭建各学科之间的桥梁,进而积极落实"五育并举",坚持全面发展的有效的学习方式,对助力

学生核心素养形成，促进教师专业能力的长足进步，不断提升学校育人的高质量发展和实现学校课程的综合化等方面都体现了重要的意义与实践的价值。

一、发挥育人路径优势，促进学生综合素养提升

跨学科学习与社会生活和科学研究高度相似，具有出色的育人路径优势。真实的情境、开放的结果，为学生的主动创造提供了更多机会，赋予其更多权利；通过不同学科知识点的交叉渗透形成整体性知识体系与系统性的学科认知，促使学生扩展知识视野，体验学习的乐趣和价值，体会努力的意义，获得学习的内驱力。

作为全国海洋科普教育基地，我校以"倾力搭建科普平台，涵养海洋科技精神"为目标，充分整合利用中国海洋学会、中国海洋报和国家海洋环境预报中心等社会资源单位的优质资源，开展了以"海洋，你好"为主题的跨学科实践课程研究，挖掘与利用海洋资源与文化，为学生呈现最有生命力的学习内容，领略大海的奥秘，畅享海洋知识，让学习灵动起来，让儿童的学习真实发生。

此外，在"自行车里的学问""走进海与洋——蛟龙出海　雪龙腾飞"等多样的跨学科主题实践活动中，学生不仅收获了知识，更学会了理解和承担责任，自觉从学科走向跨学科，从课内走向课外，从学校走向社会，为进入真正的社会生活做好知识、能力、品格、情感、价值观等方面的准备。这也正是学生综合素养培养的目标。

二、增进学科交叉融合，提升课程综合育人能力

积极倡导和实施跨学科学习，为学生提供更多元化、更全面的教育体验。通过其他学科的基础知识和方法，学生可以更全面、深刻地认识问题，并从不同角度进行分析。这种多元化的视角有助于发现新的思路和方法，鼓励学生跳出舒适区，挑战传统的学科边界，从而激发新的想法和创意。同时，在解决复杂问题时，发挥各自的优势，共同完成任务，有助于培养学生

的合作精神。

在基于六年级语文教材的《故宫博物院》一文设计的"童眼探故宫"跨学科主题学习活动中，学生走进故宫探寻建筑结构、排水系统、屋顶奥秘、窗棂造型等相关内容，感受故宫的每个角落所蕴含的王朝更迭中不断完善传承的文化精髓，领悟中华优秀传统文化中凝聚的民族基因，用文创作品设计、经典参观线路图、吉祥纹样绘制、祥瑞脊兽折页画等形式，展示着学生在活动过程中真实地研究、真实地发现、真实地反馈、真实地呈现的研究成果。

稍后在主会场由数学教师赵翰带来的"健康饮食 合理搭配"一课，作为主题活动的第三课时，主要目的是让学生在帮助赵老师选择减肥食谱的过程中，掌握确定个人饮食标准的方法，学会结合营养成分表与摄入标准进行食物的科学选择。课上学生经历谈话引入、明确标准、计算判断三个阶段的课堂活动，综合运用数学、科学、体育与健康等学科的知识解决生活中的实际问题。学生经历了问题提出、活动规划、资料收集、设计完善、方案实施等过程，在解决实际问题的过程中发展科学思维和探究精神。

在小学阶段，教材中收录了大量的古诗词，引发了孩子们的好奇。科学教师刘春燕带来的现场课"古诗中的鸟"，满足了孩子们追根溯源的愿望。通过自主探究，同学们不仅认识了各种各样的鸟，感受到生命的多姿多彩，惊叹诗人对自然的观察、领悟，也在主动学习中感受到科学探究的魅力。

这个研究过程可以促使教师不断学习，更新教育理念和教学方式，从而使学科之间的交融更有实效，拓宽教师的教学视野，提高综合知识素养和教学专业能力，打造科研型教师团队，提升教师群体的课程育人能力。

三、积极探索数字赋能，提升学校课程领导力

开展跨学科主题学习的研究，我校以教学处主管领导和学科骨干教师为核心构建跨学科研究工作坊，以多学科教师为参与者共同开展研究活动。在专家的引领和指导下，扎实落实 2022 年版《课程标准》和《课程方案》要求，以及学科特点、学生素养发展需求，确定不同研究主题，通过多学科、

同年级甚至跨年级的学习研究活动，加强学校课程体系中各门课程之间的横向沟通与关联，促进课程内部知识的关联与结构化，建立起统一的育人课程体系及育人实践形态，充分发挥其对学生成长、教师发展以及学校课程育人体系的形成的积极意义。

未来，数字化和智能技术将为教育领域提供更高效、更便捷、更个性化的服务。其目的是让学生可以更加自主地学习，可根据自己的需求和兴趣选择适合的学习方式和内容。总之，积极探索课程引导力，数智赋能，是推动教育领域发展的重要途径。通过不断地探索和实践，我们可以更好地培养学生的学习能力，提高教育质量，为学生未来的发展奠定坚实的基础。也期待今后得到各位领导、专家的引领与指导，以获得更加丰硕的成果向大家汇报。

今后，我们继续将课程建设位于学校高质量发展的核心，不断在高质量发展新征程上迈出我们坚实的步伐。着力提升学生的核心素养，丰盈生命教育的内涵，共同铸就学生美好的未来！

谢谢！

（发言日期：2024年1月5日）